Ueber

den

Lieferungs-Vertrag,

unter Berücksichtigung

des

Handels mit geldwerthen Papieren,

vom

Kammergerichts=Rath

Dr. Loewenberg.

Berlin.

Verlag von Veit und Comp.

1846.

Inhalt.

Einleitung.

In dem kaufmännischen Verkehr ist der sogenannte Zeit-Kauf*) allgemein üblich. Es verspricht Jemand, eine Quantität Oel, Wein, Kaffee, Zucker, Getreide, Wolle u. s. w., oder eine Anzahl geldwerther Papiere, an einem bestimmten entfernten Tage um einen gewissen Preis abzuliefern, während der andere Kontrahent sich verpflichtet, diesen festgesetzten Preis dafür zu geben. Häufig wird dabei verabredet, daß, sofern am Ablieferungstage der eine oder der andere Theil bei der Erfüllung seine Rechnung nicht finde, diese unterbleiben, der Zurücktretende aber dem Anderen dasjenige zahlen solle, um wie Viel die Waare dermalen im Preise gefallen oder gestiegen sei. Auch ohne eine solche Abrede ist bei geldwerthen Papieren diese Differenz zwischen dem vertragsmäßigen und dem Kurs-Preise an dem bestimmten Tage der materielle Gegenstand des Vertrages**). Mit Rücksicht hierauf sind Geschäfte der

*) Auch das Allgemeine Landrecht kennt den Ausdruck: „auf Zeit kaufen" und eben so wenig ist demselben der Kauf von geldwerthen Papieren fremd. Vgl. §. 1250. Tit. 8. Thl. II. und §. 796. Tit. 11. Th. I. Der letztgedachte §. ist erst bei der Entwerfung des Konzeptes zum Allgemeinen Gesetzbuche von Suarez, ohne nähere Motivirung, eingeschaltet worden. (Bd. 81. S. 113. der Materialien des Allg. Landrechts.)

**) Bei dem Handel mit geldwerthen Papieren werden die gewöhnlichsten und am häufigsten vorkommenden Gattungen der Geschäfte auf Zeit, zufolge der von den Aeltesten der Kaufmannschaft zu Berlin am 5. April 1845. ertheilten Auskunft, zur schnelleren Bezeichnung folgendermaaßen benannt:

a. auf tägliche Lieferung,

Art vielfach als bloße Scheinverträge und Hazardspiele be-

---

b. auf fixe Lieferung,
c. auf fixe und tägliche Lieferung,
d. auf Vorprämie mit täglicher Lieferung,
e. auf Vorprämie mit fixer und täglicher Lieferung,
f. auf Vorprämie mit fixer Lieferung,
g. auf Rückprämie mit fixer Lieferung,
h. auf Rückprämie mit fixer und täglicher Lieferung.

Es hat hiermit folgende Bewandniß.

ad a. Bei den Geschäften auf tägliche Lieferung ist dem Käufer die Befugniß eingeräumt, die Lieferung der gekauften Papiere innerhalb der verabredeten Frist an jedem ihm beliebigen Werkeltage von dem Verkäufer zu verlangen, und dieser ist zur prompten Ablieferung an dem Tage verbunden, an welchem das Verlangen gestellt ist (an welchem ihm die Papiere gekündigt sind).

ad b. Bei der fixen Lieferung kann die Erfüllung des Kaufgeschäfts nur an dem ursprünglich bestimmt verabredeten und bezeichneten Tage der Erfüllung (Verfalltag, Stichtag) verlangt werden.

ad c. Bei fix und täglicher Lieferung ist stipulirt, daß der Käufer erst nach Ablauf einer gewissen Frist (der fixen Zeit) die tägliche Lieferung wie ad a. verlangen kann.

So wie übrigens bei den vorstehend ad a. und c. allegirten Gattungen der Geschäfte dem Käufer die Befugniß zusteht, die Erfüllung des Geschäftes vor Ablauf der ursprünglich bestimmten Frist zu verlangen, so kommen auch, jedoch seltener, solche Geschäfte vor, bei denen dem Verkäufer frei gestellt ist, die Erfüllung, also die Abnahme der Papiere, vor dem gänzlichen Ablaufe der bestimmten Frist von dem Käufer zu verlangen.

ad d. e. f. Käufe mit Vorprämie sind solche, bei denen ein Reugeld verabredet ist, mittelst dessen Zahlung der Käufer die Aufhebung des Geschäftes verlangen kann. Die Zusätze fix oder fix und täglich bezeichnen nur die Zeit, während welcher der Käufer befugt ist, die gekauften Papiere zu fordern. Am letzten Tage der bestimmten Frist muß er bis 2. Uhr Nachmittags an der Börse sich erklären, ob er die Papiere abnehmen, oder Reugeld zahlen wolle.

ad g. und h. Käufe mit Rückprämie sind solche, bei denen der Verkäufer mittelst Zahlung eines Reugeldes die Aufhebung des Geschäftes verlangen kann, und die Zusätze täglich, fix und täglich bezeichnen die Zeit, während welcher der Käufer befugt ist, die gekauften Papiere zu fordern, so daß der Verkäufer an dem Tage, an welchem die Forderung an ihn ergehet, bis 2. Uhr Nachmittags an der Börse sich erklären muß, ob er an diesem Tage abliefern, oder das Reugeld bezahlen wolle.

Zu den ad b. c. e. f. g. h. beschriebenen Geschäftsgattungen sind

trachtet worden.*) Klein, der in seinen Annalen**) schon dagegen ankämpfte, legte im Jahre 1809. dem damaligen Großkanzler einen Gesetz-Entwurf vor, wornach der Kauf und

---

bereits im Jahre 1821. von den Vorstehern der Korporation der Kaufmannschaft zu Berlin Formulare zu Schlußzetteln, d. h. den im §. 1364. Tit. 8. Th. II. des Allgem. Landrechts gedachten Mäkler-Attesten über den Abschluß der von den Mäklern vermittelten Geschäfte, entworfen worden. Dieser Formulare bedienen sich, ohne dazu verpflichtet zu sein, die Mäkler sowohl, als die Agenten (vgl. die Gesetzsammlung für 1820. S. 46. §. 10.) gewöhnlich, wobei die Formulare für die ad c. bezeichneten Geschäfte durch veränderte Ausfüllung der Lücken zugleich für die ad a. erwähnten Geschäfte, und die Formulare für die ad e. gedachten Geschäfte ebenfalls durch Ausfüllung der Lücken zugleich für die ad d. bezeichneten angewendet werden.

Für den Fall der mora des einen Kontrahenten ist es in den Formularen in die Wahl des anderen gestellt:

entweder auf Erfüllung zu klagen, oder das Geschäft seinerseits aufzuheben und die zu bescheinigende Geld-Differenz zwischen dem Börsenkurse der Papiere am Verfalltage, oder — ebenfalls nach seiner Wahl — am zunächst darauf folgenden Tage, und dem verabredeten Preise derselben vergütiget zu verlangen.

Außer den vorstehend unter a. bis h. bezeichneten acht verschiedenen Geschäftsarten kommen noch andere vor, zu deren Normirung Formulare nicht entworfen sind. Zu diesen gehört insbesondere das sogenannte Geschäft „mit einmal noch", wobei dem einen oder anderen Kontrahenten die Befugniß beigelegt ist, außer der ursprünglich bedungenen Summe in geldwerthen Papieren, noch eine zweite gleiche Summe derselben Papiere zu dem bestimmten Kurse und zu der bestimmten Zeit von dem anderen Theile abgeliefert oder abgenommen mit der Maaßgabe zu verlangen, daß die Erklärung über das Verlangen zur Nachlieferung an einem bestimmten Tage abgegeben werden muß.

Es sind ferner noch die Käufe auf Stellprämie üblich. Bei diesen zahlt einer der Kontrahenten beim Abschlusse des Geschäfts sofort eine verabredete Summe Geldes und erwirbt dadurch die Befugniß, nach Ablauf der bedungenen Frist eine bestimmte Summe in geldwerthen Papieren demjenigen Theile, der die verabredete Summe baaren Geldes empfangen hat, resp. abzuliefern, oder von demselben abgeliefert zu verlangen. — Vgl. Bender, der Verkehr mit Staatspapieren, S. 428. folg.

*) Bender, der Verkehr mit Staatspapieren, S. 375. ff. und von Kamptzsche Jahrbücher, Bd. 22. S. 24 ff. Bd. 24. S. 215. ff.

**) Bd. 26. S. 208. ff.

Verkauf von Papieren auf jeden Inhaber nur gegen wirkliche Lieferung und baare Zahlung sollte geschlossen werden können; wenn die Lieferung um mehr als 24. Stunden ausgesetzt worden, so sollte keine Klage Statt finden und überdies der Betrag des Geschäftes an die Orts-Armenkasse entrichtet werden; bei blos hinausgesetzter Zahlung sollte ohne weitere Strafbestimmung nur die Klage unstatthaft sein. Von diesem Gesetz-Entwurfe wurde jedoch kein weiterer Gebrauch gemacht.

Kurz nachher kam die Sache auf den Antrag eines Regierungs-Präsidenten wiederum zur Sprache. Der Referent war der Meinung, daß diese Art von Geschäften nicht nur für ungültig erklärt, sondern auch bei Strafe verboten werden müßte. Der Antrag fand von mehreren Seiten Beifall. Auf den Grund eines abweichenden Votums, worin die Gefährlichkeit eines solchen Verbotsgesetzes für den Kredit, so wie die Unmöglichkeit, wirklich gültige Lieferungsverträge auf Zeit von denjenigen Verträgen zu unterscheiden, die nur ein Spiel unterstellen, auseinandergesetzt ward, fiel indessen der Beschluß dahin aus, die Angelegenheit auf sich beruhen zu lassen.

Im November desselben Jahres wurde die Sache von Neuem in Anregung gebracht und eine Verordnung entworfen, nach deren Inhalte zur Gültigkeit eines Verkaufs über Staats-Papiere alternativ entweder gerichtliche Abfassung, oder sofortige Erfüllung als Bedingung aufgestellt werden sollte. Dieser Vorschlag ward aber nicht gebilligt. Man bemerkte, daß man zweierlei ganz verschiedenartige Geschäfte des Verkehrs mit Staatspapieren auf Lieferung unterscheiden müsse. Wenn nämlich Jemand Papiere, die er besitze, um einen oder zwei Monate abzunehmen und zu bezahlen, zu einem höheren Kurse verkaufe, welcher einen Diskonto, manchmal von zwei Prozenten monatlich, gewähre, so sei dies durchaus kein unrechtliches Geschäft und am allerwenigsten von Seiten des Verkäufers; der unbescholtenste Mann könne es vornehmen, ja sogar eine Behörde Namens einer verwalteten Kasse, die solche Bestände besitze, könne unbedenklich darauf eingehen. Auch der Käufer werde dabei gar nicht übervortheilt, er leihe mit anderen Worten Geld zu einer Spekulation, welche ihm seiner Erwartung nach unmittelbar rentiren solle. In solchem Falle habe auch der Verkäufer, welcher die Effekten todt liegen lassen müsse, die ihm in der Zwischenzeit vielleicht gute Vortheile hätten bringen können, selbst wenn der Kurs gesunken wäre, eben so entschiedene Rechte auf den Schutz des Staates, um den bedungenen Preis zu erhalten, als der Käufer ein Recht habe, das Ziel seiner Spekulation zu erreichen. Durch derartige Geschäfte entstehe endlich auch keinesweges eine scheinbare Vermehrung der vorhandenen Masse von Effekten. — Ganz verschieden aber sei hiervon die eigentliche Agiotage, welche verkaufe, was sie nicht habe, und kaufe, was sie nur dann bezahlen könne, wenn zur Zeit der Abnahme ein höherer Preis zu erlangen stehe. Hiergegen gewähre nicht die Nullität des Geschäfts, nicht der Zwang zum gerichtlichen Abschlusse, noch irgend ein Verbotsgesetz, hinreichende Hülfe; sondern man könne das Uebel nur bekämpfen, wenn man den Agioteur die Früchte seiner oft unsinnigen, oft spitzbübischen Unternehmungen ernten lasse. Dazu werde die strengste Rechtshülfe führen; man müsse mithin die Strenge des Wechselrechtes bei den Lieferungsverträgen auf Zeit eintreten lassen. Es gebe Agioteurs, die auf das Sinken der Kurse spekulirten und ohne das mindeste Vermögen die ungeheuersten Summen zu jedem Preise nach einer bestimmten Zeit zu liefern anböten; es gebe Agioteurs, die auf das Steigen spekulirten und als Käufer aufträten, die aber, wenn sie auf diese Weise ihr geringes Vermögen eingebüßt hätten, meistens zu dem entgegengesetzten Spiele übergingen. Solche Menschen von der Börse zu vertreiben, sei ein wahrer Gewinn für den rechtlichen Handel, und diese würden bald entfernt sein, wenn man sie mit wechselmäßiger Strenge zur Erfüllung ihrer eingegangenen Verbindlichkeiten anhalten könne. Auf solche Weise werde also, ohne Schmälerung des rechtlichen Handels mit Staatspapieren, dem eingebildeten Handel in wenigen Monaten ein Ziel gesetzt werden. Wolle man aber den gerichtlichen Abschluß des Geschäfts zur Gültigkeit erfordern, so werde aller Umsatz aufhören, mithin der Werth noch tiefer sinken, und der unleidliche Zwang, den der Kredit in den blühendsten Zeiten nicht ertragen könne, werde die traurigsten, nicht wieder gut zu machenden Folgen unausbleiblich schnell nach sich ziehen, das Uebel selbst aber, das man bekämpfen wolle, nur neu vermehrte Nahrung finden.

Von diesen Ansichten ausgehend, ward eine Verordnung projektirt, wornach Geschäfte, wie die in Rede stehenden, vor einem Mäkler sollten abgeschlossen werden, und aus den acceptirten Schlußzetteln wechselmäßig sollte geklagt werden können. Die projektirte Verordnung erschien jedoch mit unserem Wechsel-Rechte, eben so, wie mit allen bekannten auswärtigen Wechsel-Ordnungen, durchaus unvereinbar, und deshalb blieb die Sache vorläufig unerledigt.

Als im Jahre 1815. die Begebenheiten in Frankreich ein Sinken aller Kurse herbeiführten, fand man sich veranlaßt, den Gegenstand abermals aufzunehmen. Dabei wurde der frühere Vorschlag, aus den Schlußzetteln ein wechselmäßiges Verfahren zu gestatten, wieder hervorgeholt, und um dieses möglich zu machen, glaubte man von folgenden Grundsätzen ausgehen zu müssen:

1) daß die von vereideten Mäklern ausgestellten Schlußzettel gegenseitig zu acceptiren;
2) daß den acceptirten Schlußzetteln die Wechselkraft in vollem Umfange beizulegen;
3) und zwar ohne Unterschied zwischen Kaufleuten und Nicht-Kaufleuten.

Da auch die von Kaufleuten über den Betrag der auf Zeit erkauften Waaren ausgestellten Schuldscheine bereits an andern Orten Wechselkraft hätten und nach dem Allgemeinen Landrechte den Exekutiv-Prozeß *) begründeten, so meinte man, sei die Abweichung vom bestehenden Rechte, welche durch die

*) §. 1256. Tit. 8. Th. II. des Allgem. Landrechts, §. 2. Nr. 5. Tit. 28. der Prozeßordnung und §. 6. Nr. 1. der Verordnung vom 1. Juni 1833. (Gesetzsammlung für 1833. S. 37.)

projektirte Verordnung entstehen würde, so bedeutend nicht, vielmehr bedürfe es nur eines Schrittes, um von dem Exekutiv-Prozesse zum Wechsel-Prozesse überzugehen.

Nach einem beigefügten Gutachten der hiesigen Börsen-Vorsteher waren auch diese der Meinung, daß der Vorschlag ausführbar sei und den beabsichtigten wohlthätigen Erfolg unfehlbar hervorbringen werde.

Es ward indessen dagegen bemerkt, daß der Vorschlag aus den schon früher angeführten Gründen dem Begriffe des Wechsels und der ganzen Theorie des Wechselrechtes durchaus entgegenlaufe. Dann wurde angeführt, daß auch durch die Wechselkraft der Schlußzettel unmöglich Viel könne gewonnen werden, indem die Schwindler, welche ohnehin dem Personal-Arreste nach einem etwas längeren Verfahren nicht entgehen könnten, dadurch nicht würden von der Börse vertrieben werden. Endlich wurde die Englische Parlaments-Akte vom Jahre 1734.*) verglichen, welche, wenn sie gleich dem Uebel auch dort nicht abgeholfen, dennoch vielleicht für unsere Legislation zu benutzen sein dürfe. Der Inhalt jener Parlaments-Akte geht im Wesentlichen dahin:

1) daß Alles, was die Natur einer Prämie oder Wette hat, kein Gegenstand gerichtlicher Verfolgung sei, und wenn es gezahlt worden, sogar soll zurückgefordert werden können;
2) Streitigkeiten über Annahme oder Lieferung von Staats-Papieren dürfen bei 100. Pfund Strafe nicht auf eine Geldsumme verglichen werden, sondern der Handel soll durch Lieferung und Zahlung Zug um Zug abgemacht werden;
3) wenn ein Käufer die Annahme verweigert, so soll der Verkäufer seine Papiere verkaufen und den Schaden einklagen;
4) wenn der Verkäufer die Lieferung verweigert, so soll der Käufer andere Papiere kaufen und die Differenz einklagen;
5) jeder Handel mit Staatspapieren soll null und nichtig sein, wenn derjenige, welcher ihn abschloß, zur Zeit des abge-

---

*) Bender, der Verkehr mit Staatspapieren, S. 425.

schlossenen Geschäfts nicht die Disposition über die verkauften Papiere hatte, und ein solcher Verkäufer soll außerdem in 500. Pfund Strafe verfallen.

Wolle man von diesem Gesetze für unsere Legislation Gebrauch machen, wurde ferner ausgeführt, so sei der letzte Umstand der schwierigste, weil sich die Dispositions-Befugniß des Verkäufers über die verkauften Papiere nimmermehr ermitteln lasse; indessen könne man doch Etwas aus der Parlaments-Akte annehmen, indem man den Abschluß durch Mäkler bei Strafe der Nichtigkeit vorschreibe, dann am Tage der Abnahme von Seiten desjenigen, der zu erfüllen bereit und im Stande sei, einen Protest aufnehmen lasse, und nach aufgenommenem Proteste die freie Disposition über die Papiere und eine Schadensklage auf die Kursdifferenz gestatte. Auf solche Weise werde niemals ein weitläufiger Prozeß entstehen, und es werde der Uebelstand gehoben, welcher sich zeige, wenn man annehme, daß schlechterdings auf Lieferung oder Abnahme geklagt werden müsse.

Kircheisen fügte die Bemerkung hinzu: vielleicht könne man verordnen, daß in den Schlußzetteln die zu verkaufenden Papiere nach Nummern und Buchstaben genau verzeichnet werden müßten; diese Bedingung werde der Regel nach nicht erfüllt werden können und dadurch die Stock-Jobberie ihr Ende finden.

Zusammengefaßt wurde nun die Ansicht über den berathenen Gegenstand dahin, daß der Vorschlag, den Schlußzetteln Wechselkraft beizulegen, unausführbar sei, und daß dadurch der beabsichtigte Zweck schwerlich werde erreicht werden; indessen werde anheimgegeben, ob nicht eine genaue Bezeichnung der Papiere in den Schlußzetteln als Bedingung der Gültigkeit des Geschäfts aufgestellt werden könne.

Möchte aber zu fürchten sein, daß dies nachtheilig auf den Kurs zurückwirke, so werde ein Verfahren zur schnellern Begründung der Klage auf die Differenz vermittelst aufzunehmender Proteste — wie oben angedeutet — vorgeschlagen, wobei denn das Versprechen einer Prämie oder Konventionalstrafe für den Fall der Nichterfüllung als wirkungslos erklärt werden müßte. Endlich ward bemerkt, daß unter diesen Bedingungen auch wohl der Exekutiv-Prozeß nach aufgenommenem Proteste zugelassen werden könne.

Gegen diese Meinung erwiderte man jedoch demnächst: es dürfe der Handel mit Staatspapieren auf Zeit keinesweges unterdrückt werden. Dies sei der unrichtige Gesichtspunkt. Es sei notorisch, daß die Englische Parlaments-Akte als Verbots-Gesetz ihren Zweck gar nicht erreicht habe, und daß gerade die verbotenen Geschäfte tagtäglich unter den Augen der Gesetz-Geber offenkundig betrieben würden, zum sichern Beweise, daß die Nation von der Unschädlichkeit dieses Verkehrs überzeugt sei. Dieser Handel verdiene eher begünstigt, als unterdrückt zu werden. Am allerwenigsten aber könne man bevorworten, daß das Versprechen einer Prämie oder Konventionalstrafe für ungültig erklärt werde. Denn eben die Prämien seien es, die den Kurs der Papiere am meisten sicherten, und gerade die solidesten Kaufleute seien am geneigtesten, auf Prämie zu handeln, weil sie dann schlimmsten Falles die Prämie verlören und mithin den höchst möglichen Verlust genau im Voraus berechnen könnten.

So blieb die Sache bis zur Gesetz-Revision*) auf sich beruhen. — Die Revisoren äußern sich über die Käufe von Staatspapieren auf Zeit zunächst dahin, daß dabei die Grundsätze des Kaufvertrages, man möge die Sache betrachten, aus welchem Gesichtspunkte man wolle, durchgreifend blieben. Man könne nämlich das fragliche Geschäft als einen Kauf- oder als einen Lieferungsvertrag betrachten, das Rechtsverhältniß werde dadurch wenig geändert, weil der Lieferungsvertrag sich durch die Erfüllung doch wieder in einen Kauf auflöse.

Bis zur Erfüllung könne zwar der Lieferungsvertrag von dem Besteller aus dem Grunde widerrufen werden, weil der zu liefernde Gegenstand für den beabsichtigten Zweck ihm unnütz oder unbrauchbar geworden sei**). Dieser Fall könne in-

---

*) Vergl. die Gesetz-Revisions-Arbeiten, Pens. XIV., Motive, S. 13. ff.

**) Allg. Landrecht Thl. I. Tit. 11. §§. 984—986.

dessen bei geldgleichen Papieren eben so wenig, wie beim Gelde selbst, vorkommen; mit andern Worten: durch den wechselnden Werth könne ein allgemeines Tauschmittel nicht unnütz, noch unbrauchbar werden. Es könne daher die Eigenthümlichkeit des Lieferungsvertrages auf die Sache keinen Einfluß haben und es bleibe bei den Grundsätzen des Kaufes. Auch sei es auf die Gültigkeit des Kaufvertrages ohne Einfluß, ob der Verkäufer bereits Eigenthümer des verkauften Gegenstandes sei, oder das Eigenthum noch erst erwerben wolle; und sollte dieser letztgedachte Grundsatz irgend bezweifelt werden, so gehe das Geschäft, welches ursprünglich als Lieferungsvertrag angesehen sein möge, dennoch immer wieder durch die Erfüllung in einen Kauf über. Die Sache bleibe sich also gleich. Sodann bemerken die Revisoren, daß der merkwürdige Gang, den die früheren Verhandlungen genommen, darauf hinwiese, wie schlüpfrig der Boden sei, der hier zu betreten wäre. Anfangs habe man die Verkäufe von Staatspapieren auf Zeit verbieten wollen; weil dies aber zu bedenklich geschienen, habe man dem Uebel dadurch steuern wollen, daß zur Verminderung der Schwindeleien eine beschleunigte Rechtshülfe Statt finden sollte; und als über die Art, wie dies ausführbar sei, unterhandelt worden, sei man dahin gekommen, die beschleunigte Rechtshülfe selbst zur Begünstigung dieses Handels, statt zu dessen Unterdrückung, als wünschenswerth zu betrachten.

Man müsse hiernach mit Grunde Bedenken tragen, irgend eine Bestimmung in Antrag zu bringen, welche in den Verkehr mit Staatspapieren hemmend eingriffe. Sollte es geschehen, so würde in der Bezeichnung der Papiere nach Litera und Numero, entweder beim Abschlusse des Geschäfts, oder an dem zur Abnahme bestimmten Tage, ein Anhaltspunkt gefunden werden können. Allein man sei nicht im Stande, die Behauptung zu widerlegen, daß jedes hemmende Eingreifen nachtheilig auf den Kredit zurückwirken werde; und wenn dies der Fall sei, so werde dadurch gegen den nachtheiligen Einfluß auf den soliden Handel, den von der andern Seite ein leichtsinniges Aktienspiel nothwendig haben müsse, ein solches Gewicht in die Wagschale gelegt, daß es am gerathensten sei, dem Verkehr keine Schranken zu setzen, sondern ihm denjenigen Verlauf zu lassen, den ihm die Zeit von selbst geben werde.

In der zum Zwecke der Gesetz-Revision erfolgten Mittheilung vom 30. Juni 1827. verblieb übrigens die Verwaltung dabei, daß der Handel mit Staatspapieren, selbst wenn er auf Zeit geschlossen werde, alle Begünstigung verdiene, insofern dabei die wirkliche Ablieferung bezweckt werde, und daß für solche Lieferungsverträge unsere Gesetzgebung ausreichend sei. Um aber den sogenannten Scheinkäufen ein Ziel zu setzen, wobei nichts Anderes, als eine Vergütung der Kurs-Differenz beabsichtigt werde, und welche in allen Europäischen Staaten seit einigen Jahren so viele Verluste und Unglücks-Fälle herbeigeführt hätten, seien folgende Bestimmungen in Antrag zu bringen:

1) Alle und jede Kaufverträge über in- und ausländische Staats- und andere öffentliche an der Börse Kurs habende Papiere auf Zeit sind nichtig und unverbindlich, insofern dabei nicht die wirkliche Lieferung und Abnahme der letzteren an dem zur Erfüllung bestimmten Tage, sondern nur die Zahlung der Differenz zwischen dem alsdann Statt findenden Kurse und dem verabredeten Kaufpreise beabsichtigt ist.
2) Aus einem solchen Kaufe findet eine Klage auf Erfüllung oder Entschädigung nur unter der Bedingung Statt, daß der Kläger, insofern er der Käufer ist, den Kaufpreis, und wenn er der Verkäufer ist, die zu liefern übernommenen Papiere an dem zur Erfüllung bestimmten Tage gerichtlich deponirt hat, und die Depositions-Bescheinigung der Klage beifügt.

Auf solche Weise, meinte man, werde sich das Gesetz den bereits vorhandenen Bestimmungen hinsichtlich der Wetten *) anschließen; der Vorschlag selbst aber erscheine gerechtfertigt, weil man voraussetzen müsse, daß der Käufer den Kaufpreis und der Verkäufer die Papiere am Tage der Abnahme wirk-

*) Allg. Landrecht Thl. I. Tit. 11. §§. 579. 580.

lich liegen habe, und insofern dies nicht der Fall sei, auf ein bloßes Scheingeschäft geschlossen werden dürfe. — Was diesen Antrag anlangt, so meinen die Revisoren, es enthalte die erste der vorgeschlagenen Bestimmungen nichts Neues. Wenn nämlich nicht die Lieferung und Abnahme, sondern blos eine Vergütung der Kursdifferenz bezweckt werde, so gelte, insofern dies nachgewiesen werden könne, das unter dem Scheingeschäfte verborgene wahre Geschäft nur dann, wenn es nach den für dieses Geschäft geltenden Regeln bestehen könne.*) Das wahre Geschäft sei in solchem Falle eine Wette, und diese erfordere zu ihrer Gültigkeit die Deposition des Gesetzten.

Wenn also nachgewiesen werden könne, daß der Kauf nur zum Scheine geschlossen worden, und daß darunter, indem man nur Vergütung der Kursdifferenz bezweckte, eine Wette verborgen liege, so habe die Sache auch nach der bestehenden Gesetzgebung keine Schwierigkeit. Ob aber dieser Fall vorhanden, das eben sei der schwierige Punkt, weil die wirkliche Erfüllung und die Vergütung der Kursdifferenz zu demselben Resultate führen. Derjenige, der die Kursdifferenz bekomme, könne mit deren Hinzurechnung die Papiere selbst zu dem bedungenen Preise kaufen oder verkaufen, und daher lasse sich, wenn auch das Geschäft in solcher Weise abgemacht werde, nicht behaupten, dies sei im Voraus die Absicht der Kontrahenten gewesen. Es komme also nur auf die zweite vorgeschlagene Bestimmung an, wonach die Deposition des Preises, oder nach Unterschied der Papiere, am Tage der Abnahme zur Bedingung des Klagerechts gemacht und aus der nicht erfolgten Deposition auf ein Scheingeschäft geschlossen werden solle. Diese Deposition gehe noch über den Protest hinaus, der nach dem Vorschlage von 1815. am Tage der Abnahme aufgenommen werden sollte, und beschränke gewiß den Verkehr, weil dadurch das deponirte Papier oder der Kauf-Preis dem Eigenthümer, der damit anderweit sein Geschäft zu

*) §§. 70. 71. Tit. 11. Thl. I. des Allg. Landrechts.

betreiben habe, entzogen werde. Wenn man daher auf jenen Vorschlag von 1815, insofern dadurch dem Papierhandel Schranken gesetzt werden sollten, einzugehen Bedenken getragen habe, so müsse man auf den jetzigen Vorschlag einzugehen, noch mehr Bedenken tragen.

Deshalb abstrahirten die Revisoren von jeder, in den Verkehr mit Staatspapieren eingreifenden gesetzlichen Bestimmung.

Erst durch die Verordnungen vom 19. Januar 1836, 13. Mai 1840. und 24. Mai 1844. *) fand man sich bewogen, legislativ einzuschreiten, wobei neben Anordnungen in Betreff der Vermittelung, namentlich durch Mäkler, das Prinzip festgehalten ist: daß Verträge, errichtet

1) über Spanische Staatsschuld-Papiere irgend einer Art;
2) über ausländische, auf jeden Inhaber lautende Staats- oder Kommunal-Schuldpapiere;
3) über Aktien, Obligationen oder sonstige Geldpapiere auswärtiger Gesellschaften oder Institute;
4) über Aktienpromessen, Interimsscheine, Quittungsbogen oder sonstige, die Betheiligung bei einer Eisenbahn-Unternehmung bekundende, aber vor Berichtigung des vollen, auf die Aktien oder Obligationen einzuzahlenden Betrages ausgegebene Papiere,

nur dann rechtsgültig sind, wenn sie sofort von beiden Theilen Zug um Zug erfüllt werden.

Inwieweit hierdurch für die Zukunft und namentlich demjenigen Manoeuvre, vermöge dessen die Kontrahenten das Geschäft in die Form eines Mandats kleiden, vorgebeugt ist, wird die Erfahrung lehren. Für die Vergangenheit befindet sich die Sache im Allgemeinen in der alten Lage, wie dies bei den zahlreichen Prozessen hervortritt, welche hervorgerufen sind durch die, vor der Emanation der Verordnungen vom 13. Mai 1840. und 24. Mai 1844., mittelst wechselseitig aus-

---

*) Gesetzsammlung für 1836. S. 9, für 1840. S. 123. und für 1844. S. 117.

gestellter Reverse, ohne vollständige Schlußzettel, eingegangenen Zeitgeschäfte über Eisenbahn-Aktien in Zusicherungsscheinen oder Quittungsbogen. In Folge des steten Weichens dieser marktgängigen Papiere sind nämlich diejenigen, welche zu deren Abnahme bei früher vielseitigem Begehren darnach sich verpflichtet hatten, auf alle Weise bemühet, sich ihrer Verbindlichkeiten gänzlich zu entledigen. Die hierbei beobachtete Taktik, durch welche selbst ein angesehener Appellationshof in den älteren Provinzen der Monarchie mehrfach sich hat irre leiten lassen, ist eine verschiedene, je nachdem der Kläger seinen Anspruch auf die Unterstellung eines Kauf- oder Lieferungs-Vertrages stützt.

Im ersteren Falle, wenn der Kläger, mit Rücksicht auf die §§. 393. 394. Tit. 5. und den §. 231. Tit. 11. Theil I. des Allgemeinen Landrechts, *) die Abnahme der Papiere gegen

---

*) Das Allg. Landrecht verordnet Thl. I. Tit. 5.

§. 393. Die von der einen Seite geweigerte oder nicht gehörig geleistete Erfüllung des Vertrages berechtigt den Andern in der Regel noch nicht, von dem Vertrage selbst wieder abzugehen.

§. 394. Vielmehr steht ihm nur frei, den Gegentheil zu der versprochenen Erfüllung und zu der nach den Gesetzen ihm zukommenden Entschädigung durch den Richter anzuhalten.

Tit. 11. §. 231. Außer diesen Fällen (§§. 229. 230.) kann derjenige Theil, welcher behauptet, daß ihm die Erfüllung des Vertrages (Kaufvertrages) ohne rechtlichen Grund verweigert, oder nicht gehörig geleistet werde, in der Regel nur auf die Erfüllung klagen.

Also kann der Regel nach nur die Erfüllung und daneben das Interesse wegen verspäteter Erfüllung gefordert, nicht aber das Recht auf die Erfüllung aufgegeben und das Interesse wegen nicht geschehener Erfüllung verlangt werden. — In Betreff abweichender Ansichten für das gemeine Recht ist zu vergleichen: Bender, Verkehr mit Staatspapieren, S. 395 ff. und Thöl, Handelsrecht, Bd. 1. S. 274. ff. — Mit Bezug auf die l. 10. Cod. de action. emti venditi nimmt Heimbach an, daß, wenn der Vertrag nur mit Rücksicht auf die Erfüllung zu einer bestimmten Zeit geschlossen werde, z. B. falls ein Lieferungsvertrag vorliege, dessen Erfüllung für den Gläubiger nur insofern Interesse habe, als sie genau zur festgesetzten Zeit erfolge, der letztere theils an denselben nur gebunden sei, wenn die Leistung pünktlich erfolge, theils im entgegengesetzten Falle die Klage auf das Interesse erhalte. (Vgl. Weiske, Rechtslexikon, Bd. III. S. 433. s. v. dies.)

Zahlung des bedungenen Preises und den Schadensersatz für die verzögerte Erfüllung fordert, excipirt der Beklagte, es liege ein Lieferungsvertrag, ein Kontrakt über Handlungen, vor, zu dessen Erfüllung er schon um deswillen nicht angehalten werden könne, weil er behaupte, daß der Kläger die Erfüllung bisher nicht kontraktmäßig geleistet habe. (§§. 408. ff. Tit. 5. a. a. O.).*)

---

*) Das Allg. Landrecht disponirt Thl. I. Tit. 5.

§. 408. Bei Verträgen, deren Hauptgegenstand Handlungen sind, kann derjenige, welcher behauptet, daß der Andere die Erfüllung bisher nicht kontraktmäßig geleistet habe, oder solchergestalt nicht leisten könne, zwar sofort, auf seine Gefahr, von dem Vertrage wieder abgehen.

§. 409. Er muß aber, wenn sich hiernächst bei der gerichtlichen Untersuchung findet, daß sein Vorgeben ungegründet gewesen sei, den Gegentheil vollständig entschädigen.

§. 410. Wird hingegen das Vorgeben gegründet befunden, so muß der Andere, außer der erfolgenden Aufhebung des Vertrages, dem Abgehenden für allen aus seinem kontraktwidrigen Verhalten, bis zum Zeitpunkte des erklärten Rücktritts, wirklich entstandenen Schaden gerecht werden.

Der §. 413. fügt zwar hinzu:

> In wiefern obige Vorschriften (§. 396. seqq.) auch im kaufmännischen Verkehr Statt finden, soll unten näher verordnet werden. (Thl. 2. Tit. 8.)

Das Handelsrecht enthält aber hierüber Nichts. — Interessant ist daselbst der §. 487., lautend:

> Wer nur einzelne Lieferungen übernimmt, wird dadurch noch kein Kaufmann.

Im Allg. Landrechte Thl. I. Tit. 11. heißt es:

§. 877. Auch aus solchen Verträgen (über Handlungen) kann, so wie aus allen übrigen, wenn sie durch wechselseitige Einwilligung in gesetzmäßiger Form abgeschlossen sind, auf Erfüllung geklagt werden.

§. 878. Wenn aber der eine Theil die versprochene Erfüllung weigert, so kann der andere von dem Vertrage sofort zurücktreten.

Ueber die Entstehung dieser §§. geben die Materialien folgenden Aufschluß:

I. Klein nahm in den Titel:

„Von ungenannten Verträgen"

§. 12. die Bestimmung auf:

> Was von Verträgen überhaupt, ist auch in Ansehung solcher Verträge Rechtens. (Bd. 27. S. 168. der Materialien.)

II. Kircheisen verwarf den Satz, weil er in dem schon ausgearbeiteten Titel (von Verträgen) seine Erledigung finde. (Bd. 32. S. 29.)

Richtet dagegen der Kläger, auf die Existenz eines Lieferungsvertrages fußend, seinen Antrag auf Erstattung der sein Interesse repräsentirenden Differenz zwischen dem bedun-

---

III. Im ersten Entwurfe, Theil II. Abth. 2. Tit. XVI. „Von Veräußerungen der Sachen gegen Handlungen, oder der Handlungen gegen einander" wurde gesagt:

§. 2. Das Recht, die bedungene Handlung zu fordern, erlöscht, wenn die Sache, welche dagegen gegeben werden soll, verweigert wird, oder nicht geleistet werden kann.

§. 3. Der, durch dessen Schuld dergleichen Vertrag rückgängig geworden, ist den andern Theil schadlos zu halten verpflichtet. (Bd. 28. S. 282.)

IV. Diese Sätze gingen unverändert in das Konzept und Manuskript des umgearbeiteten Entwurfes, so wie in den gedruckten Entwurf, Thl. 2. Abth. 2. Titel 8. Abschnitt 8. §§. 642. 643. über. (Bd. 29. S. 169. und 250)

V. Im Extrakte der Monita zum gedruckten Entwurfe wird Folgendes bemerkt:

§. 642.

ad 1. Der Zweifel würde gehoben werden, wenn die Worte: „verweigert wird, oder" weggelassen würden. (Vgl. S. 18. ad VI. No. 1. und S. 36. zu e.)

Uebrigens paßt die ganze Vorschrift nicht nur auf den Fall, wenn eine res singularis für eine Handlung oder Unterlassung versprochen worden, sondern auch auf den, wenn von beiden Seiten Handlungen versprochen worden, und die Handlung von der einen Seite nicht geleistet werden kann.

ad 2. Der Monent hat sich sehr uneigentlich ausgedrückt, auch den Fall übersehen, da die zu leistende Handlung eine ganz specielle Beziehung auf die Person desjenigen hat, dem sie versprochen ist, z. B. wenn jemand, der einen Arzt angenommen hat, stirbt.

§. 642.

1) Hiernach hat es den Schein, als ob zur Gültigkeit eines solchen Contracts das Implementum von der einen Seite erfordert werde, und als ob auch derjenige, welcher eine Handlung für Geld bedungen hat, vorauszahlen müsse?

2) In wie weit gehen dergleichen Contracte auch auf die Erben? Nur in dem Fall ist dies zu verneinen, wenn die persönliche Geschicklichkeit des einen Contrahenten, z. B. eines Baumeisters, solches unmöglich macht.

genen Preise und dem Kurse am Erfüllungstage, so wendet der Beklagte ein, es walte ein Kauf ob, wobei der Kläger nicht befugt sei, wegen vorgefallener Verzögerung in Betreff

---

§. 643.

(Vgl. S. 18. Anm. VI. no. 2. ad §. 643.)

§. 643.

1) So wie die Vorschrift da gefaßt ist, enthält sie nichts, was dieser Art von Verträgen eigenthümlich wäre. Soll dagegen dieses Eigenthümliche festgesetzt werden, so dürfte es vielleicht in Folgendem bestehen:

Kann derjenige, welcher für eine bereits geleistete Handlung oder Unterlassung eine einzelne Sache versprochen hat, solche durch seine Schuld nicht geben, so hängt es von dem andern ab, entweder den Werth der besonderen Schätzung dieser Sache, oder den außerordentlichen Werth der geleisteten Handlung oder Unterlassung, zu fordern.

Ist die Unmöglichkeit, die versprochene einzelne Sache zu geben, blos durch Zufall entstanden, so kann der andere blos den gemeinen Werth fordern.

Ist für eine bereits geleistete Handlung oder Unterlassung gegenseitig ebenfalls eine Handlung versprochen, und solche kann nachher durch Schuld des Verpflichteten nicht geleistet werden, so muß dieser dem Andern das volle Interesse vergütigen.

Wenn aber die Unmöglichkeit blos durch einen Zufall entstanden ist, so haftet derselbe blos für den gemeinen Werth der geleisteten Handlung oder Unterlassung. Ist endlich der eine oder andere

der Abnahme, zurückzutreten und die Kursdifferenz zu verlangen, vielmehr nur auf Erfüllung und Schadensersatz bestehen dürfe. Daneben wird denn auch wohl geltend gemacht, daß

Theil zu einer Unterlassung verpflichtet, so findet der Vorwand einer Unmöglichkeit gar nicht statt, und der Verpflichtete muß für jede dagegen unternommene Handlung das volle Interesse vergütigen.

2) Nach geschlossenem Vertrage sollte keinem von beiden Theilen gestattet werden, gegen Vergütigung des Interesses von dem Contracte abzugehen, sondern Jeder müßte schlechterdings die Befugniß haben, auf die Erfüllung anzutragen.

ad 2. erledigt sich aus dem vorigen.

(Bd. 79. S. 204 — 204 v.)

VI. In der Revision der Monita sagte hierauf Suarez:

1) Ad §. 642. (Vgl. S. 16. V. ad 1.) gehört es allerdings inter Singularia dieses Vertrages, daß, sobald das Implementum von der einen Seite verweigert wird, oder nicht geleistet werden kann, der andere ebenfalls zurückzutreten berechtigt und nicht auf Erfüllung zu klagen schuldig sey, z. E. ich habe jemanden versprochen, Lection in der Musik zu geben, auf Ein Jahr gegen monatliche Bezahlung von 10 Thlr. Wenn er mich den ersten Monat nicht bezahlt, so kann ich den Contract aufheben. Dagegen hat es seine Richtigkeit, daß der Satz gelte, nicht blos, wenn Sache gegen Handlung, sondern auch, wenn Handlung gegen Handlung versprochen worden.

2) Ad §. 643. (Vgl. S. 16) sind die Principia, in welchen Fällen Entschädigung geleistet werden müsse, wenn der Vertrag wegen der von der andern Seite unmöglich gewordenen Erfüllung aufgehoben wird, im Titel von Verträgen bereits entwickelt. Ich glaube also, daß man diesem §., sowie denjenigen, welche Hr G. vorschlägt (Vgl. S. 17) eine bloße Beziehung auf jene Theorie substituiren kann. Nur für die Fälle, wo von der einen Seite bereits etwas gegeben und geleistet worden, und die fernere Erfüllung des Vertrages unmöglich wird, dürften noch einige nähere Bestimmungen nöthig sein. Die Theorie ist nehmlich folgende:

Der Vertrag wird aufgehoben, weil solcher von der einen Seite nicht weiter erfüllt werden kann:

der §. 410. a. a. O. blos zum Ersatze des wirklich entstandenen Schadens verpflichte, die Kursdifferenz aber als entgangener Gewinn anzusehen sei.

Die Erfüllung ist aber schon von der einen Seite geleistet:

- Ganz.
  - Die Unmöglichkeit der Erfüllung entsteht also von der Seite des andern.
    - Sie entsteht durch seine Schuld.
      - Er sollte
        - eine Sache geben.
          - Dann muß er nach Verhältniß des Grades seiner Verschuldung den außerordentlichen oder den Werth der besondern Vorliebe prästiren.
        - eine Handlung leisten.
          - Dann muß er das Interesse prästiren pro gradu culpae.
    - Durch Zufall.
      - Dann muß er den gemeinen Werth der Sache ersetzen, oder die Handlung, die ihm geleistet worden, nach dem gewöhnlichen Preise vergüten.
- Nur zum Theil.
  - Die Unmöglichkeit der fernern Erfüllung entsteht
    - von der Seite dessen, der schon zum Theil erfüllt hat.
      - durch seine Schuld.
        - Dann kann er keine Vergütung fordern, als in so fern der andere durch seinen Schaden reicher werden würde.
      - durch Zufall.
        - Dann muß er mit der Vergütung des gemeinen Werths der Handlung sich begnügen.
    - von der Seite des andern.
      - Dann muß dieser nicht nur die schon geleistete Handlung nach dem höchsten Werthe vergüten, sondern auch dafür das Interesse prästiren, daß der Vertrag nicht fortgesetzt werden kann.
        - culpa den höchsten Werth. casu den gemeinen Werth.

(Bd. 80. S. 249.)

VII. Im Konzepte des Allg. Gesetzbuches, Th. 1. Tit. 11. Abschnitt 8. „Von Verträgen, wodurch Sachen gegen Handlungen, oder Handlungen gegen Handlungen versprochen werden,“ heißt es also:

§. 858. Auch aus solchen Verträgen kann, so wie aus allen übrigen, wenn sie durch wechselseitige Einwilligung in gesetzmäßiger Form abgeschlossen sind, auf Erfüllung geklagt werden.

§. 859. Wenn aber der eine Theil die versprochene Erfüllung weigert,

Da einerseits der, zum Oefteren von dem Pariser Kassationshofe auf den Papierhandel (marché à terme) angewendete Grundsatz: considérant, que ce n'est qu'un jeu u. s. w.*), sich bei uns, selbst für die Zukunft, noch nicht allgemein, namentlich nicht in Betreff der inländischen Staats- und Kommunal-Schuldpapiere, einbürgern will; und da man andererseits in den Gerichtshöfen sich auch nicht geneigt zeiget, das entscheidende Gewicht darauf zu legen:

daß bei Kurs habenden Papieren die Klage auf Erfüllung zu demselben Resultate führet, als die auf Leistung des Interesses, indem letzteres jederzeit in der Kursdifferenz besteht, wofür, mit Hinzurechnung des bedungenen Preises, derlei Papiere immer an der Börse zu beschaffen sind,

so erscheint zur Zeit allerdings für die Rechtsstreitigkeiten der beregten Gattung der Unterschied der Kauf- und der Lieferungs-Verträge von dem erheblichsten Einflusse.

Diese praktische Wichtigkeit dürfte es rechtfertigen, wenn im Folgenden bezüglich des Lieferungskontraktes die Ergebnisse einheimischer und auswärtiger Rechtsquellen sowohl, als die Ausbeuten mitgetheilt werden, welche die Literatur darüber gewährt, zumal in der vaterländischen Jurisprudenz**) die in Frage stehenden Geschäfte bisher stets als Lieferungsverträge aufgefaßt sind, ohne daß hierfür eine

---

so kann der andere von dem Vertrage sofort zurücktreten. (Bd. 81. S. 115.)

Diese Fassung stimmt wörtlich mit den oben allegirten §§. 877. 878. Tit. 11. Th. I. des Allgemeinen Landrechts überein.

*) Code civil, art. 1964. und 1965., Code pénal, art. 421. 422. und Merlin, recueil, v. effets publics, rep. XIX. p. 319, Sirey, recueil, XI. 2. p. 457., Pardessus, cours de droit commercial, tom II. p. 94—96., Bender, der Verkehr mit Staatspapieren, S. 426.

**) Simon und von Strampff, Rechtssprüche, Bd 1. S. 244—248., S. 253—259. und die Entscheidungen des Geheimen Ober-Tribunals, Bd. 1. S. 161. ff., Bd. 5. S. 389. ff.

nähere Begründung anzutreffen, und ohne daß man, wie es scheint, sich aller Konsequenzen bewußt geworden ist.

Die Gränzen des Lieferungsvertrages, mit deren Feststellung sich neuerdings besonders die Hassenpflugsche Abhandlung unter Nummer 452. des eilften Jahrganges der juristischen Wochenschrift*) beschäftiget, werden wahrscheinlich auf anderem Wege binnen Kurzem ihre Fixation finden.

*) S. 793 — 799., 809 — 824. und 825 — 834. Die Abhandlung ist inzwischen auch in separatem Abdrucke erschienen, Berlin 1846. bei Schröder.

Erster Abschnitt.

Die Materialien zu den §§. 981—987. Tit. 11. Thl. I. des Allgemeinen Landrechts:

„Lieferungs-Verträge."

I. Der Assistenz-Rath Klein schlug unter dem Abschnitte „von ungenannten Verträgen" mit dem Marginale „Lieferungs-Verträge" folgende Sätze vor:

§. 71. Wenn etwas gegeben wird, damit wieder etwas dafür gegeben werden soll, so ist das Geschäft nach den Gesetzen des Kaufs oder Tausches zu beurtheilen.

§. 72. Wenn einer dem andern den Auftrag macht, gewisse Sachen zu einem gewissen Preis für ihn einzukaufen, so ist ein Unterschied zu machen: ob der Einkauf für Rechnung und Gefahr des Bestellers geschehen soll, oder nicht.

§. 73. Im ersten Fall ist ein Commissionshandel vorhanden, welcher nach den Gesetzen der Aufträge zu beurtheilen ist.

§. 74. Daß ein dergleichen Commissionshandel vorhanden sei, wird vermuthet, wenn der Besteller dem andern für seine Mühe Provision zahlt.

§. 75. Geschieht dieses nicht, so ist im zweifelhaften Falle vorauszusetzen, daß der Einkauf auf Gewinn und Gefahr des Einkäufers geschehe.

§. 76. Solchenfalls geht das Eigenthum der Waare erst durch die Uebergabe auf den Besteller über.

§. 77. In eben diesem Falle kann der Lieferant die Waare für einen höhern als den Einkaufspreis dem andern überlassen.

(Bd. 27, S. 174v.—175. der Materialien.)

II. Der Geheime Ober-Revisions- und Kammergerichts-Rath Kircheisen bemerkte dazu:

Es ist schon in dem Plan des Gesetzbuches vermerkt, daß diese Rubrik (von ungenannten Verträgen) bei der wirklichen Ausarbeitung wegfallen dürfe. Damit bin ich vollkommen einig, wir haben kein album praetoris, und es ist in dem Titel von den Verträgen genung gesaget, was bei uns zur Gültigkeit eines Vertrages erforderlich sei. Aus eben diesem Grunde würde ich über das do ut facias keinen generellen Titel entwerfen, das praktische davon wird sich bei der location, mandat etc. schon finden.

§. 71. Von dem Lieferungs-Vertrage einen besondern Titel zu machen, halte ich nicht rathsam, diese wenigen Sätze können wohl besser beim Mandat eingerückt werden. (Bd. 32. S. 29. et v.)

III. Dem ersten Entwurfe, Theil II. Abtheilung 2., wurden jedoch in dem Titel XVI., welcher die Ueberschrift erhielt:

„Von Veräußerungen der Sachen gegen Handlungen, oder der Handlungen gegen einander“ unter dem Marginale „Vom Lieferungs-Vertrage“ nachstehende Bestimmungen einverleibt:

§. 50. Wer sich verbindlich macht, einem andern eine gewisse Sache für einen bestimmten Preis zu verschaffen, wird ein Lieferant genannt.

§. 51. Der Lieferant kann sich der übernommenen Pflicht nicht entziehen, wenn auch die Lieferung durch nachher eingetretene Umstände erschwert werden sollte.

§. 52. Doch findet eine Ausnahme statt, wenn die Ablieferung nicht ohne Gefahr der Sachen oder Personen geschehen konnte, welche der andere Theil abzuwenden nicht vermag.

§. 53. Betrifft aber die Gefahr nicht die Person des Lieferanten, sondern nur die zu liefernde Sache, so muß solche geliefert werden, sobald der Besteller die Gefahr zu übernehmen bereit ist.

§. 54. Ist die Lieferung zur festgesetzten Zeit, oder an dem bestimmten Ort unmöglich, unnütz oder mit Gefahr verknüpft, so kann der Besteller einen andern Ort, oder Zeit hiezu bestimmen.

§. 55. Es muß aber der Besteller den Lieferanten wegen der mehreren Kosten und in andern Wegen schadlos halten.

§. 56. Der Besteller kann die Lieferung, welche ihm ferner unnütze sein würde, wieder abbestellen, er muß aber den Lieferanten schadlos halten.

§. 57. Lieferungen, welche nicht zu rechter oder bestimmter Zeit geschehen, ist der Besteller anzunehmen nicht verbunden.

§. 58. Sobald die Lieferung geleistet worden, findet alles das statt, was zwischen dem Käufer und Verkäufer Rechtens ist.

(Bd. 28. S. 284. et v.)

IV. Hiergegen monirte von Tevenar:

Aus der Rubrike dieses Titels kann man nicht abnehmen, welche Arten der Verträge darin vorkommen.

Von den Verträgen, wodurch sich einer verbindlich macht, gegen eine Belohnung körperliche Arbeit zu verrichten, oder ein gewisses Werk zu verfertigen, die der Gegenstand von 1. 2. und 3. sind, kann nicht gesagt werden, daß Sachen gegen Handlungen veräußert werden, eigentlich wird Arbeit mit Geld oder andern Sachen bezahlt.

Nr. 4. Lieferungs-Verträge gehören zu den bedingten Verkaufs-Verträgen, und sind davon nur in soweit verschieden, daß der Lieferant die Sachen, die er zu liefern verspricht, z. B. Getraide, Heu, Stroh, Pferde u. s. w. zur Zeit des Vertrages oft selbst nicht besitzet.

§. 50. In Absicht der Lieferungsgeschäfte, die, wie ich vorhin bemerkt habe, eigentlich Nebenzweige der Verkaufsgeschäfte sind, finden wenige allgemeine auf alle Fälle passende Vorschriften statt, sondern es ist hauptsächlich das Werk der Kontrahenten, über alle Punkte und über alle Vorfallenheiten in dem Lieferungs-Contract zu verfügen.

§. 56. Wenn der Lieferant die zu liefernden Sachen bereits angeschafft hat, und darauf besteht, daß der andere den Contract erfüllen und die bestellten Sachen in Empfang nehmen soll, so kann der Besteller sich nicht entbrechen, solche anzunehmen, oder zu gewärtigen, daß solche auf seine Gefahr und Kosten öffentlich verkauft werden. Der Lieferant ist in diesem Falle nicht schuldig, die Sachen zu behalten und den Schaden oder das Interesse gegen den Besteller zu liquidiren und zu verificiren, so wenig es dem Verkäufer zugemuthet werden kann, daß, wenn der Käufer die gekaufte Sache nicht nöthig hat, er solche behalten und sich mit der Ersetzung des Schadens begnügen müsse.

(Bd. 29. S. 106. und 107.)

V. Suarez bemerkte hierauf in der revisio monitorum zum ersten Entwurfe:

Herr v. T. tadelt an der Rubrik dieses Titels, daß daraus nicht genugsam zu erkennen sei, welche Arten von Verträgen darin vorkommen sollen. Mir scheint aber dieser Tadel ganz ohne Grund.

Er meinet ferner, daß bei den negotiis ad 1. 2. 3., wo sich jemand verbindlich macht, eine gewisse Arbeit gegen eine bedungene Belohnung zu verrichten, nicht gesagt werden könne, daß Sachen gegen Handlungen veräußert würden. Eigentlich würde Arbeit mit Geld und andern Sachen bezahlt. Allein diese Bezahlung gehört nur ad implementum contractus, und setzt einen Vertrag, wodurch ich dazu verpflichtet werde, voraus; dies ist aber eben der hier abgehandelte Contractus locationis conductionis operarum oder operis.

Lieferungs-Verträge gehörten zu den bedingten Verkaufsgeschäften. Dies ist aber nicht richtig; denn der Lieferant macht sich eigentlich zu zweierlei anheischig: 1. die Sache anzuschaffen; 2. solche dem Besteller für einen gewissen Preis zu überlassen. Nur im letztern Verhältniß ist er als Käufer anzusehen.

ad §. 52. Die Gefahr muß aber so beschaffen sein, daß sie bei Schließung des Contracts nicht hat vorausgesehen werden können. Denn sonst muß man annehmen, daß der Lieferant das Periculum übernommen, und sich dafür desto höhere Preise stipulirt habe.

ad §. 56. Herr von T. ist der Meinung, daß, wenn der Lieferant die Sache schon wirklich angeschafft hat, der Besteller solche annehmen, oder gewärtigen müsse, daß sie auf seine Gefahr und Kosten plus licitanti verkauft werde; und also der Lieferant nicht schuldig sei, die Sache zu behalten und das Interesse gegen den Besteller zu liquidiren und zu verificiren. Ich würde diesem Monito völlig beitreten und also post §. 56. beisetzen: „So weit jedoch der Lieferant zur Zeit eines solchen Widerrufs die bestellte Sache ganz oder zum Theil bereits angeschafft hat, muß der Besteller solche annehmen, oder sich den öffentlichen Verkauf derselben auf seine Gefahr und Kosten gefallen lassen."

(Bd. 28. S. 282. und 284. v.)

VI. Im Konzepte des umgearbeiteten Entwurfes, Th. II. Abthl. 2. Tit. 8. Abschnitt 8. „Von Veräußerung der Sachen gegen Handlungen, oder der Handlungen gegen einander" heißt es unter dem Marginale

„Von Lieferungen"

also:

§. 698. Wer sich verpflichtet, einem andern eine bestimmte Sache für einen gewissen Preis zu verschaffen, wird ein Lieferant genannt.

§. 699. Der Lieferant kann sich der übernommenen Pflicht nicht entziehen, wenn auch die Lieferung durch nachher eingetretene Umstände erschwert wird.

§. 700. Nur eine solche Gefahr der Sache oder Person, die bei Schließung des Contracts nicht vorausgesehen werden können, und die der Besteller abzuwenden nicht vermag, befreit den Lieferanten von der Erfüllung des Contracts.

§. 701. Betrifft eine solche Gefahr nur die zu liefernde Sache, so muß letztere dennoch geleistet werden, sobald der Besteller die Gefahr zu übernehmen bereit ist.

§. 702. Ist die Lieferung zur festgesetzten Zeit, oder an dem bestimmten Orte unmöglich, unnütz, oder mit Gefahr verknüpft, so kann der Besteller einen andern Ort, oder Zeitpunkt dazu vorschreiben.

§. 703. Doch muß er den Lieferanten wegen der mehreren Kosten und sonst überall schadlos halten.

§. 704. Der Besteller kann die Lieferung, welche ihm ferner unnütz sein würde, widerrufen; er muß aber den Lieferanten entschädigen.

§. 705. So weit jedoch der Lieferant, zur Zeit eines solchen Widerrufs, die bestellte Sache, ganz oder zum Theil, bereits angeschafft hat, muß der Besteller solche annehmen, oder sich den öffentlichen Verkauf derselben, auf seine Gefahr und Kosten, gefallen lassen.

§. 706. Lieferungen, welche nicht zu rechter Zeit oder nicht am bestimmten Orte geschehen, ist der Besteller anzunehmen nicht schuldig.

§. 707. Nach geleisteter Lieferung findet alles das statt, was zwischen Käufern und Verkäufern Rechtens ist.

(Bd. 29. S. 170v.—171.)

VII. Die zum Drucke bestimmte Abschrift des umgearbeiteten Entwurfes stimmt hiermit wörtlich überein in den §§. 697—706.

(Bd. 29. S. 253.)

Eben so der gedruckte Entwurf, worin nur im §. 706 statt: „zwischen Käufern und Verkäufern" gesagt ist: „zwischen Käufer und Verkäufer."

VIII. Im Extrakte der Monita zum gedruckten Entwurfe findet sich Folgendes:

Achter Abschnitt.
Von Veräußerung der Sachen gegen Handlungen oder der Handlungen gegen einander.

Diese Lehre scheint noch zu den terris incultis der Rechts-Wissenschaft zu gehören. Sie ist in den bisherigen Systemen sehr wenig bearbeitet, weil man, um der römischen Grille von der causa contractus auszuweichen, verschiedene dahin einschlagende Geschäfte unter den falschen Gesichtspunkt der locationis conductionis gestellt hatte. Wenn man die Sache blos nach der Vernunft betrachtet, so kann diese ganze Lehre, welche in den Geschäften des bürgerlichen Lebens von dem erheblichsten Einfluß ist, unter 5. Hauptfiguren gebracht werden:

a. von der einen Seite wird eine Sache gegeben, und von der andern eine Handlung geleistet;
b. von der einen Seite wird eine Sache gegeben, und von der andern dagegen etwas unterlassen;
c. von beiden Seiten sollen Handlungen geleistet werden;
d. der eine hat sich zu einer Handlung, der andere zu einer Unterlassung verpflichtet;
e. beide Theile haben wechselseitig Unterlassungen verabredet.

Es dürfte nöthig sein, diese verschiedenen Hauptfiguren bei der Umarbeitung dieses Abschnitts mehr vor Augen zu haben, um danach sowohl die allgemeinen Grundsätze vollständig zu machen, als auch bei jeder Figur die besonderen Abweichungen anzumerken.

Das Eigenthümliche dieser Art von Verträgen scheint darin zu liegen, daß von der einen Seite oder von beiden eine Handlung — wohin auch eine Unterlassung gehört — der Gegenstand ist. Die Natur einer Handlung bringt es mit sich, daß sie selten einer bestimmten Schätzung fähig ist, daß sie nicht getheilt, nicht ungeschehen gemacht werden kann, und in vielen Fällen ganz specielle Beziehungen auf die Person des Leistenden hat, oder auf denjenigen, dem sie geleistet werden soll.

Folgende allgemeine Grundsätze dürften hier eintreffen:

a. Nur erlaubte Handlungen oder Unterlassungen können der Gegenstand eines solchen Vertrages sein; sind sie unerlaubt, so finden die Vorschriften des Tit. 13. §. 115. seq. Anwendung.

b. Zu solchen Handlungen oder Unterlassungen, welche die persönliche Freiheit eines Menschen aufheben, kann sich niemand auf Lebenszeit verbinden.

c. Haben sich mehrere zu einer Handlung oder Unterlassung gemeinschaftlich verpflichtet, so haftet ein Jeder für das Ganze.

d. Wegen angeblicher Verletzung findet bei dieser Art von Verträgen weder Anspruch, noch Einwand Statt.

e. Wer sich zu einer Handlung oder Unterlassung verpflichtet hat, muß dies Versprechen genau erfüllen, so lange keine Unmöglichkeit vorhanden ist, und kann sich nicht durch Vergütigung des Interesse davon losmachen.

f. Wenn Jemand sich zu einer Handlung verpflichtet hat, deren Leistung ihm nachher unmöglich ist, so steht dem andern Theil frei, die Handlung auf Kosten eines dritten (?) Verpflichteten verrichten zu lassen.

g. Die Rechte und Verbindlichkeiten aus solchen Verträgen gehen auch auf die Erben über, wenn nicht das Gegentheil verabredet worden, oder nach der Natur des Vertrags bei der übernommenen Handlung oder Unterlassung ganz specielle Beziehungen auf die Person des Leistenden, oder auf die Person des andern Theils zu Grunde liegen.

Außer diesen allgemeinen Sätzen würden noch einige besondere Vorschriften bei jeder der vorhin bemerkten Hauptfiguren nach ihrer eigenthümlichen Beschaffenheit folgen. Wegen des großen Einflusses auf die täglichen Geschäfte des menschlichen Lebens sind die beiden ersten Hauptfiguren am wichtigsten, da nemlich Geld oder eine andere Sache gegen eine Handlung oder Unterlassung versprochen wird.

Hier entsteht zuerst die Frage: ob die gewöhnlichen Grundsätze stattfinden, wenn die versprochene Handlung zu den sogenannten freien Künsten gehört? Die römischen Juristen, welche einen solchen Vertrag aus dem Gesichtspunkt einer locationis conductionis betrachteten, mußten natürlich einigen Widerwillen dagegen haben, daß Gelehrte und Künstler als Miethlinge behandelt werden sollen. Wenn aber die Sache unter den richtigen Gesichtspunkt betrachtet wird, so fällt dieser Zweifel von selbst weg.

Eine zweite Frage ist die: ob die Vergütigung für eine übernommene Handlung oder Unterlassung einen ganz bestimmten Werth haben müsse? Auch hier entstand nach der römischen Theorie, welche die Grundsätze von der locatione conductione gewaltsam dieser ganz verschiedenen Art von Verträgen anpassen wollte, der Uebelstand, daß man certam mercedem erforderte. Dies fällt aber ebenfalls billig ganz hinweg. Ist die Vergütigung für eine übernommene Handlung oder Unterlassung nicht bestimmt, so hat dies auf die Gültigkeit des Vertrages keinen Einfluß, sondern die Vergütigung wird nach dem Gebrauch durch Sachverständige festgesetzt.

Noch verdient der Fall besondere Erwägung, da für eine übernommene Handlung oder Unterlassung kein Geld, sondern eine andere Sache gegeben wird. Hier müssen in Absicht der Gefahr und der Gewährleistung die Grundsätze vom Verkauf und von der Cession in soweit analogisch angewendet werden, daß derjenige, welcher die Sache giebt, oder ein Recht abtritt, eben so verhaftet sei, als der Verkäufer oder Cedent. Uebrigens dürfte die Rubric:

„Von Veräußerung der Sachen gegen Handlungen, oder der Handlungen gegen einander“

vielleicht besser dahin gefaßt werden können: „von Verträgen, wodurch Sachen gegen Handlungen, oder Handlungen gegen einander versprochen werden.“ Wenigstens kann man in eigentlicher Bedeutung nicht sagen, daß Handlungen veräußert werden.

§. 697.

(Vergl. S. 36. ad §§. 697—704. Nr. 1.)

§. 697.

1. Vielleicht ließe sich bezweifeln, ob die Materie von Lieferungen hier am rechten Orte stehe? Eine Lieferung scheint im Grunde nichts weiter als ein Kauf- oder Verkaufsgeschäft zu sein; nur hat sie das Eigenthümliche:

a. daß der Verkäufer die Sache ganz oder zum Theil erst anschaffen muß, und

b. daß sie zuweilen unter gefährlichen Umständen, deren Folgen und Abwechselungen sich nicht vorher übersehen lassen, geschlossen wird.

Beide Einzelnheiten sind aber nicht von der Art, daß es nöthig wäre, daraus eine ganz besondere rechtliche Figur zu machen; sollte es nöthig sein, deshalb einige Abweichungen oder nähere Bestimmungen vorzuschreiben, so würden solche füglicher bei den Grundsätzen vom Kauf und Verkauf am gehörigen Orte eingeschaltet werden können.

ad 2. versteht sich nach den allgemeinen Grundsätzen von selbst.

2. Zufälle und Einbußen trägt der Lieferant bis zur Ablieferung. Dies sollte beigefügt werden.

§. 701.

(Vgl. S. 36—37. ad §§. 699. 700. 701. 702. Nr. 2.)

§. 701.

Diese Abweichung von den allgemeinen Grundsätzen scheint weder durch den Zusatz des folgenden §., noch durch das Eigenthümliche einer Lieferung hinreichend gerechtfertigt zu werden, und sie dürfte zu vielen Weitläuftigkeiten Anlaß geben. Wird der Besteller gehindert, die Lieferung zur festgesetzten Zeit, oder an dem bestimmten Ort anzunehmen, so geben die allgemeinen Grundsätze des Tit. II. §. 267. seq. und des Tit VIII. §. 229. seq. befriedigende Anleitung. Nur wird auf die dabei gemachten Bemerkungen Bezug genommen.

§. 703.

ad 1. Der folgende §. hebt zwar den Zweifel des Monenten; indessen bleibt die dem Besteller nachgelassene willkürliche Aufhebung des Contracts immer noch bedenklich. Sie wird den Nachtheil haben, daß jeder Lieferant sich den höchsten Preis bedingt, um im Fall eines solchen Widerrufs durch die bereits angeschafften Sachen mit entschädigt zu werden.

§. 703.

1. Soll der Lieferant verbunden sein, den Contract zu erfüllen, den Fall des §. 699. ausgenommen, so muß auch ein Gleiches in Absicht des Bestellers nöthig sein. Es würde unbillig sein, wenn der Lieferant von seiner Seite alles gethan hat, um den Contract zu erfüllen, ihn wegen der Entschädigung in so große Weitläuftigkeit zu setzen.

ad 2. Wenn der Lieferant über einen solchen Widerruf klagt, so kann natürlich nur der Richter entscheiden, ob der Fall des Gesetzes vorhanden sei, oder nicht.

2. Soll es der willkürlichen Beurtheilung des Bestellers überlassen sein, ob die Lieferung ihm ferner unnütz sein werde?

§. 704.

Dieser besondere Fall verdient um so weniger Rücksicht, da der Besteller durch den Widerruf zu dem ihn treffenden Schaden selbst Anlaß giebt.

§. 704.

Oft haben die angeschafften Stücke, so lange sie nicht vollständig sind, einen geringen Werth, z. B. bei Pferden, wenn das Gespann nicht voll ist. Alsdann könnte der Lieferant sich nach der Vorschrift dieses §. mit dem Schaden des Bestellers bereichern.

§. 705.

Scheint richtig, wenn die angenommene Theorie beibehalten wird.

§. 705.

Diese Vorschrift stimmt nicht genau mit dem §. 701., sie kann auch nur mit der Einschränkung des §. 699. gelten.

(Bd. 79. S. 203v. und 209v.)

IX. In der Revision der Monita zum gedruckten Entwurfe sagt Suarez:

Ad sect. VIII. Hr. G. R. G. hat diesem Abschnitt eine weitläufige allgemeine Anmerkung prämittirt, die vor allen Dingen examinirt werden muß.

1. Die Rubrik müsse heißen: Von Verträgen, wodurch Sachen gegen Handlungen, oder Handlungen gegen einander versprochen werden, weil man im eigentlichen Verstande nicht sagen kann: Handlungen werden veräußert. Accedo.
2. Die Haupt-Figuren dieser Art von Verträgen, deren der Herr Monent 5. angiebt, müßten prämittirt werden. Allein m. v. gehört eine solche Auseinandersetzung eigent-

lich nur in ein Lehrbuch; es ist also genug, wenn sie in der Rubrik nur angedeutet werden.

3. Schlägt der Herr Monent 5. allgemeine Grundsätze (S. 29.) vor, die aber, so weit sie richtig, im Titel von Willens-Erklärungen und von Verträgen schon da sind.

Ad a. Vid. Tit. IV. §. 5—11.

Ad b. Vid. Ibid. §. 12. Zu einzelnen beständigen Einschränkungen der Freiheit kann sich jemand durch Verträge gar wohl verpflichten.

Ad c. ist schon der allgemeine Grundsatz von Correal-Verträgen.*)

Ad d. scheint überflüssig und sich von selbst zu verstehen.**)

Ad e. ist ein allgemeiner Grundsatz bei allen Verträgen, daß der Berechtigte präcise ad implendum klagen könne, und der Verpflichtete nicht befugt sei, sich ad interesse zu offeriren.

Ad f. ist in der Lehre von der Unmöglichkeit der Erfüllung Tit. V. §. 348. seq. die Sache umständlich auseinandergesetzt, und dabei auf solche Verträge, deren Gegenstand Handlungen sind, besondere Rücksicht genommen worden.

Ad g. ist mit specieller Rücksicht auf Handlungen Tit. V. §. 403. seq. umständlich erörtert.

4. Endlich wirft der Herr Monent noch einige specielle Fragen (S. 30.) auf, deren Entscheidung er für nöthig hält.

a. Finden die gewöhnlichen Grundsätze statt, wenn die versprochene Handlung zu den freien Künsten gehört? Ohne Zweifel; und halte ich es nicht für nöthig, solches besonders zu sagen. Genug, das Gesetz spricht von versprochenen Handlungen, ohne Unterschied und Ausnahme. Einige specielle Bestimmungen sind frei-

*) Hierbei ist am Rande von Suarez bemerkt: „bleibt".

**) Ein geistreicher Jurist wies neulich darauf hin, daß sich eigentlich Nichts von selbst verstehe.

lich bei dieser Art von Handlungen nöthig, die aber auch, wie die Folge zeigen wird, wirklich vorkommen.

b. Ob die Vergütung für eine übernommene Handlung oder Unterlassung einen ganz bestimmten Werth haben müsse? Herr Monent beantwortet solches negative. Dies bedarf einer Auseinandersetzung. Bei Kauf, Pacht, Miethe und andern Veräußerungs-Verträgen gehört es ad essentialia negotii, daß das, was gegen das andere gegeben werden soll, bestimmt sein muß. In Ermangelung dieser Bestimmung ist kein gültiger Vertrag vorhanden. Bei einem Vertrage, wodurch eine Handlung versprochen wird, soll ex voto des Herrn Monenten das Gegentheil statt finden, und die ermangelnde Bestimmung von dem Richter nach dem Gutachten der Sachverständigen supplirt werden. Dieß hat m. v. kein Bedenken, sobald aus dem Vertrage erhellet, daß überhaupt eine Vergütung für die versprochene Handlung geleistet werden solle.*) Wenn aber auch darüber im Vertrage nichts enthalten ist, so würde das Negotium in der Regel (nicht) in diese Classe von Verträgen gar nicht gehören. An sich würde es indiscretum sein, und also daraus weder von dem einen, noch von dem andern Theile auf Erfüllung geklagt werden können. Hätte der, welcher die Handlung versprochen hat, solche schon geleistet, so würde er keine Vergütung zu fordern haben, sondern man müßte annehmen, er habe sie ex mera liberalitate gethan. Nur kommt es darauf an: ob man annehmen wolle, daß, wenn Personen, die von einer Kunst oder anderem Gewerbe Profession machen, eine zu diesem Gewerbe gehörige Handlung geleistet haben, ihnen dafür auch citra pactum expressum eine ex arbitrio artis peritorum

*) Am Rande ist von Suarez bemerkt: „Wenn nichts versprochen ist, so muß er sich mit dem niedrigsten Satze begnügen.“

zu bestimmende Vergütung werden müsse, sobald nicht aus den Umständen erhellet, daß sie es unentgeltlich haben thun wollen. Z. B. Ein Maler von Profession malt mir meine Stube.

c. Wenn für eine Handlung nicht Geld, sondern eine Sache oder die Abtretung eines Rechts gegeben werde, so müsse der, welchem die Handlung geleistet wird, ratione periculi et evictionis so, wie ein Käufer oder Cedent beurtheilt werden. Accedo.

d. Daß in eben diesem Fall das Dominium nur per traditionem übergehe, versteht sich von selbst.

e. Um allem Recurs und Ausdeutung aus der Römischen Theorie vorzubeugen, sei es nützlich, per expressum zu sagen, daß dergleichen Verträge, gleich andern, durch den gehörig erfolgten Abschluß ihre Gültigkeit erlangen, und nicht die Erfüllung von einem oder dem andern Theile ad perfectionem contractus nothwendig sei. Submitto. (Vgl. S. 16. Anm. ad §. 642. N. 1.)

Ad §. 697. — 706. 1. Herr G. meint, daß die Materie von Lieferungen nicht hieher gehöre, sondern zu der Lehre vom Kauf. (Vgl. S. 31.) Allein es fällt wohl in die Augen, daß dies Negotium viel mehr zusammengesetzt sei. Der Lieferant hat selbst die Sache noch nicht, die er dem andern verschaffen soll. Er übernimmt erst, solche anzuschaffen und sie sodann zu tradiren. Ante implementum ist also kein Kauf, sondern ein Contractus facio ut des vorhanden. Erst post implementum tritt das Verhältniß, wie zwischen Verkäufer und Käufer ein.*) Vid. §. 706.

*) Diese Stelle allein hat bisher in der Preußischen Jurisprudenz sowohl, als Literatur zum Anhalte bei der Beurtheilung des Lieferungs-Vertrages gedient. Vgl. die Entscheidungen des Geh. Ober-Tribunals, Bd. 11. S. 23. ff. und Bornemann, System, Bd. 3. S. 344. ff.; s. auch Bielitz, Kommentar, Bd. 2. S. 727. ff, Koch, Obligat. Recht, Bd. 3. S. 836—837. und Schlesisches Archiv, Bd. 1. S. 440—441.

2. Die §§. 699. 700. 701. 702. enthalten theils Wiederholungen, theils Abweichungen von dem, was über die Unmöglichkeit der Erfüllung, theils überhaupt, theils ratione modi implendi in Ansehung der Zeit, des Orts ꝛc., im Titel von Verträgen überhaupt §. 348. seq. sancirt ist. Die Abweichungen, besonders §. 701., werden von dem Monenten stark angefochten. (Vgl. S. 32.) Ich halte es auch in aller Absicht rathsamer, bei jener Theorie stehen zu bleiben, die nach Unterschied der verschiedenen vorkommenden Fälle viel bestimmter und vollständiger, auch an sich viel consequenter ist. In dem §. 701. ist dem Besteller zu viel Willkühr eingeräumt, und der §. 702. hebt die dem Lieferanten daraus entstehende Desavantage nicht genugsam, zumal, wenn es quaestio altioris indaginis ist, ob auch der Besteller wegen der Schadloshaltung, die oft beträchtlicher sein kann, als der eigentliche Lieferungs-Accord, solvendo sein werde.
3. Ad §. 703. hingegen (vgl. S. 32.) würde ich die Disposition, der dagegen formirten Monitorum ohnerachtet, beibehalten. Tritt irgendwo die Clausula rebus sic stantibus ein, so ist es hier; wenn z. E. eine Lieferung für die künftige Campagne contrahirt war, und im Winter Friede wird. *) Daher ist auch schon im 5. Titel §. 366. sqq. die Aufhebung des Contracts wegen veränderter Umstände, wodurch die Erreichung des Zwecks vereitelt wird, nachgegeben. Der folgende §. 704. hebt jeden Schein von Unbilligkeit.

(Bd. 80. S. 248v.—249. und S. 250v.—251.)

X. Im Konzepte des Allgemeinen Gesetzbuches, Theil I. Titel 11. Abschnitt 8. „Von Verträgen, wodurch Sachen gegen Handlungen, oder Handlungen

---

*) Auf diese Bemerkung wird in der, oben S. 21. erwähnten Abhandlung viel Gewicht gelegt.

gegen Handlungen versprochen werden" — heißt es zu 5. unter dem Marginale „Lieferungs-Verträge" also:

§. 960. Wer sich verpflichtet, einem andern eine bestimmte Sache für einen gewissen Preis zu verschaffen, wird ein Lieferant genannt.

§. 961. Der Lieferant kann sich der übernommenen Pflicht nicht entziehen, wenn auch die Lieferung durch nachher eingetretene Umstände erschwert wird.

§. 962. Wegen der Fälle, wenn die Lieferung überhaupt, oder die bestimmte Art derselben, in Ansehung der Zeit oder des Orts unmöglich, oder mit einer unvorhergesehenen Gefahr verknüpft wird, hat es bei den allgemeinen Vorschriften des Titels von Verträgen §. 348—361. sein Bewenden.

§. 963. Wenn wegen veränderter Umstände die besprochene Lieferung zu dem Zweck, wozu der Besteller solche bedungen hat, unnütz oder unbrauchbar wird, so kann zwar derselbe den Vertrag widerrufen.

§. 964. Er muß aber den Lieferanten, wegen der zur Erfüllung von seiner Seite bereits gemachten Anstalten und verwendeten Bemühungen und Kosten, vollständig entschädigen.

§. 965. So weit der Lieferant zur Zeit des Widerrufs die bestellte Sache ganz oder zum Theil bereits angeschafft hat, muß der Besteller solche annehmen, oder sich den öffentlichen Verkauf auf seine Gefahr und Kosten gefallen lassen.

§. 966. Nach geleisteter Lieferung findet unter den Contrahenten alles das statt, was zwischen Käufern und Verkäufern Rechtens ist.

(Bd. 81. S. 118.)

XI. Das Manuskript des Allgemeinen Gesetzbuches, Theil I. Tit. 11. Abschnitt 8 No. 5. „Lieferungs-Verträge" stimmt hiermit überein. Nur die Nummer der Paragraphen ist geändert, indem an Stelle der §§. 960—966. die §§. 981—987. getreten sind. Ferner waren im §. 962.

die §§. 348 — 364. des Titels von Verträgen allegirt, während im korrespondirenden §. 983. auf die §§. 360. — 376. daselbst verwiesen ist. Endlich ist dem Worte „solche" in den §§. 963. 965., das Wort „sie" in den §§. 984. 986. substituirt.

XII. In das Allgemeine Landrecht, Theil I. Titel 11. Abschnitt 8. No. 5. „Lieferungs-Verträge" sind die §§. 981—987. wörtlich übernommen, mit der alleinigen Abweichung, daß hier im §. 985. gesagt ist: „Bemühungen oder Kosten", während es im Konzepte §. 964. und im Manuskripte §. 985. heißt: „Bemühungen und Kosten."

Ob die Aenderung absichtlich geschehen ist, oder auf einem Druckfehler beruhet, erhellet nicht.

Zweiter Abschnitt.

Die Materialien zu den §§. 582.—594. Titel 11. Theil I. des Allgemeinen Landrechts.

„Vom Verkaufe künftiger Sachen."

In der Lehre „vom Verkaufe künftiger Sachen" Theil I. Titel 11. Abschnitt 6. No. 6., insbesondere in den §§. 591. 593., verweiset das Allgemeine Landrecht auf die Regeln von Lieferungen und Lieferungsgeschäften. Es wird daher von Interesse sein, auch in Bezug darauf das Ergebniß der Materialien kennen zu lernen.

I. Klein schlug unter dem Abschnitte „Von gewagten Geschäften" mit dem Marginale „Vom Kauf künftiger Sachen überhaupt" folgende Sätze vor:

§. 86. Wenn künftige Sachen verkauft werden, so ist ein Unterschied zu machen, ob der Käufer blos darauf angewiesen worden, oder ob er auch die Gefahr derselben übernommen habe.

Man muß nämlich mit Heinecc. in Dissert. de Vendit. illicita fructuum in herbis §. 11. und 12. emtionem spei von der emtione rei speratae unterscheiden.

§. 87. Ist der Käufer auf die künftige Sache, ohne die Gefahr derselben übernommen zu haben, angewiesen worden, so ist das Geschäft nach den Regeln des gemeinen Kaufs zu beurtheilen.

§. 88. Wenn solchenfalls die gehoffte Sache nicht existirt, so ist der Kauf für nicht geschlossen zu achten.

§. 89. Hat sich der Verkäufer zur Ablieferung einer gewissen Quantität anheischig gemacht, so ist ein Unterschied zu machen, ob die fehlende Quantität durch den Ankauf ähnlicher Sachen ersetzt werden könne, oder nicht.

§. 90. Im letzteren Falle muß am Kaufpreise nach Verhältniß des Mangelnden ein Abzug gemacht werden.

§. 91. Kann die von dem Verkäufer gehoffte Quantität durch ähnliche Dinge ersetzt werden, so ist wieder ein Unterschied zu machen, ob die Verbindlichkeit zur Lieferung der Quantität auf das gehoffte Ereigniß eingeschränkt worden, oder nicht.

§. 92. Im ersten Falle darf der Verkäufer nur so viel, als ihm zu Theil wird, abliefern.

§. 93. Es versteht sich aber von selbst, daß solchenfalls der Preis, so wie §. 90. angeführt worden, herabgesetzt werden müsse.

§. 94. In der Regel ist anzunehmen, daß die Verbindlichkeit des Verkäufers nicht auf ein gewisses künftiges Ereigniß eingeschränkt, sondern dieses nur zur Bezeichnung des Orts, der Zeit oder anderer Umstände benannt worden.

§. 95. Wenn auch der künftigen Erndte erwähnt, zugleich aber auch eine bestimmte Quantität Früchte verkauft worden, so ist im zweifelhaften Fall anzunehmen, daß der Erndte nur zur Bezeichnung der Ablieferungszeit gedacht worden.

§. 96. Wenn jemand ausdrücklich von seiner künftigen Erndte eine gewisse Quantität Früchte verkauft, so darf er im Fall eines offenbaren Unglücksfalles nur so viel, als die Erndte trägt, abliefern.

§. 97. Es frägt sich, ob solchenfalls der Verkäufer so viel von der Erndte abziehen könne, als er braucht, sich und seine Leute bis zur künftigen Erndte zu unterhalten?

Ich würde die Frage verneinen. Denn ich habe im

vorhergehenden Paragrapho, wie ich glaube, mit Recht angenommen, daß nur erwiesene Unglücksfälle den Verkäufer von der Verbindlichkeit, die bestimmte Quantität zu liefern, befreien können. Hat er sich in der Quantität verrechnet, so kann der andre Theil darunter nicht leiden. Da es nun schwer auszumachen sein würde, wie weit der Rechnungsfehler auf Bestimmung der verkauften Quantität Einfluß gehabt habe, so ist es wohl am rathsamsten, es bei der Disposition des vorhergehenden Paragraphen zu lassen. Es ist genug, daß man den Verkäufer nicht nöthiget, Getreide für den Käufer, sondern nur für sich selbst einzukaufen.

§. 98. Hat Jemand für Dinge, deren Existenz, oder künftige Quantität oder Qualität noch ungewiß ist, einen bestimmten Preis gesetzt, so ist ein dergleichen Kauf nach den Gesetzen der gewagten Geschäfte zu beurtheilen.

§. 99. Solchenfalls kann der Käufer, wegen einer Gefahr, welche seine Vermuthung überstiegen, oder der Verkäufer, wegen eines dem Käufer zu Theil gewordenen größeren Nutzens, den übrigens gültig geschlossenen Vertrag nicht widerrufen.

§. 100. Ein dergleichen Widerruf findet nur wie bei den übrigen gewagten Geschäften Statt, wenn die §§. 10. seqq. bestimmte Proportion nicht beobachtet worden.

§. 101. Gemeinen Landleuten dürfen die noch auf den Halmen, Bäumen oder Stecken stehenden Früchte nicht anders, als für den zur Zeit der Erndte gangbaren Preis abgekauft werden.

Nach dem Römischen Rechte ist Emtio fructuum in herbis nicht verboten. Conf. Voet. L. 18. T. 1. §. 13. Allein Heinecc. zeigt in seiner Dissert. de Venditione illicita fructuum in herbis, daß nach Deutschen Rechten ein dergleichen Kauf von jeher unerlaubt gewesen. Besonders ist in dem Reichs-Abschiede von 1548. und in der Reichs-Polizeiordnung von 1577. ausdrücklich verordnet worden, daß gemeinen Landleuten die künftige Erndte nicht anders, als unter der obigen Restriktion abgekauft werden soll. Uebrigens bemerke ich noch, daß Kauf der künftigen Erndte und Verpachtung eines Landguts darin von einander unterschieden sind, daß der Pächter nicht nur die Gefahr, sondern auch die Arbeits- und Bestellungskosten übernimmt, dahingegen der Käufer der Erndte auf den Halmen Kosten und Arbeit dem Verkäufer überläßt.

§. 102. In allen Fällen, wo eine dergleichen Hoffnung gekauft worden, wird die Pflicht des Käufers, das Kauf-Geld zu zahlen, dadurch nicht geändert, daß die Hoffnung ganz oder zum Theil ohne Schuld des Verkäufers vereitelt worden.

Stryk distinguiret in Cautelis Contr. S. 11. C. 8. §. 10. seqq. zwischen der emtione spei oder emtione fructuum in herbis und der emtione juris percipiendi fructus. Er vermischt aber auch hernach alle diese Fälle wieder mit einander. Mir scheint es gleich viel zu sein, ob ich Früchte, die noch gar nicht vorhanden sind, oder solche, welche schon grünen, kaufe. In beiden Fällen ist Gewinn und Schaden mein. Der Unterschied zwischen der emtione fructuum in herbis und der emtione juris percipiendi fructus, welche mit dem Pachtvertrag übereinstimmt, ist nur der, daß letzterer weniger als erstere zu Bedrückung der Dürftigen gemißbraucht werden kann.

§. 103. Wenn aber auch eine bloße Hoffnung verkauft worden, so darf doch der Käufer weder die außerordentlichen Unglücksfälle übernehmen, noch diejenigen außerordentlichen Glücksfälle sich zueignen, welche bei derselben Art des Geschäfts nicht übernommen oder nicht gekauft zu werden pflegen.

Wolfii J. N. P. 5. C. 11. §. 490.

Ein Beispiel von einem außerordentlichen, nicht mit gekauften Glücksfalle erzählt Plutarch. Es hatten sich nehmlich die Fischer, welchen der Fischzug war verkauft worden, einen goldenen Tisch mit dem Netze aus dem Wasser gezogen. Nun können aber wohl güldene Tische nicht unter die Fische gerechnet werden. Nur der Vortheil, welchen sich der Käufer des Fischzugs mittelst eines reichlichen Fischfangs versprach, war verkauft worden. Ein Beispiel von einem außerordentlichen Unglücksfalle wäre folgendes: Gesetzt, dieselben Fischer hätten sich von dem Verkäufer des Fischzuges Schiffe gemiethet und diese wären durch einen jähling enstandenen Sturm zertrümmert worden, so wäre dies kein Unglücksfall, welchen die Fischer bei Erkaufung des Fischzuges übernommen hätten.

(Bd. 27. S. 142—145v.)

II. Kircheisen bemerkte dazu:

Die §. 89 ꝛc. halte ich zu bunt und nicht ganz billig.

§. 94. 95. ich glaube das Gegentheil, und mache den §. 96. mut. mut. zur Regel.

§. 99. versteht sich ex praemissis von selbst.

§. 100. cessat.

§. 103. der Fall an sich ist mir bekannt, ich habe ihn bei der Fischerei-Gerechtigkeit, im Titel vom Eigenthum, entschieden.

Zu diesem Titel habe ich im Ottonischen Thesauro commentar. etc de aleatoribus nachgelesen, außer einigen Sätzen aber wenig gefunden, was bei uns von praktischem Nutzen sein könnte.

(Bd. 32. S. 25. et v.)

III. In dem ersten Entwurfe, Theil II. Abtheil. 2. Tit. XIV. „Von gewagten Geschäften und ungewissen Erwerbungen" heißt es unter dem Marginale „Vom Kauf künftiger Sachen":

§. 27. Insofern eine künftige Sache ohne Bestimmung der Zahl, des Maaßes oder Gewichts in Pausch und Bogen bedungen wird, gehört dieser Kauf zu den gewagten Geschäften.

§. 28. In diesem Fall trifft Gefahr und Vortheil den Käufer.

§. 29. Mit gemeinen Landleuten kann ein Kauf über den von ihren Grundstücken zu erwar nden Zuwachs nicht anders als nach Zahl, Maaß und Gewicht nach dem zur Erndte gangbaren Preis geschlossen werden.

§. 30. Ist der Kauf künftiger Sachen auf Zahl, Maaß und Gewicht geschlossen, so ist derselbe nur insoweit gültig, als die bestimmte Quantität wirklich gewonnen wird.

§. 31. Kann der Verkäufer die bestimmte Quantität nicht vollständig abliefern, so ist auch der Verkäufer die mindere Quantität anzunehmen nicht schuldig.

§. 32. Dagegen ist der Landwirth die verkaufte Quantität des Ertrags seiner Grundstücke nur in so weit abzuliefern schuldig, als solche zur Saat und zur Unterhaltung der Wirthschaft nicht unumgänglich erforderlich ist.

(Bd. 28. S. 267v.—268.)

IV. Hiergegen monirte von Tevenar:

Wenn ein Landmann versprochen hat, dem Käufer nach der Erndte z. B. 20. Wispel Sommer- oder Rübesaat zum Oelschlagen für einen gewissen Preis zu liefern, so kann er sich nicht entbrechen, diesen Kontrakt zu erfüllen, wenn er gleich nicht 20. Wispel Sommersaat nach Abzug desjenigen, so er zur eigenen Wirthschaft gebraucht, gewonnen hat; es sei denn, daß die Lieferung auf den eigenen Gewinn eingeschränkt worden, oder derjenige, der das Versprechen gethan hat, nicht als eine Person, die auch mit fremdem Korn und Getreide handelt, angesehen werden kann; dieselbe aber auch durch einen Unglücksfall einen großen Theil der gehofften Erndte verloren hat.

(Bd. 29. S. 101v.—102.)

V. Suarez bemerkte hierauf in der revisio monitorum zum ersten Entwurfe:

Bei diesem Titel ist m. E. auf den Unterschied inter emtionem spei et emtionem rei speratae, welchen

Stryk in caut. contract. sehr gut auseinandersetzt, nicht genugsam reflektirt worden. Emtio spei ist vorhanden, wenn jemand den Vortheil aus einer künftigen Begebenheit kauft, von welcher es ungewiß ist, ob sie existiren werde, oder nicht. Emtio rei speratae hat einen künftigen Vortheil zum Gegenstande, der nach dem natürlichen Lauf der Dinge gewiß existiren wird, durch Zufall aber fehlschlagen kann.

Emtio spei ist pura und muß erfüllt werden, wenn auch die Hoffnung ganz fehlschlägt. Denn hier ist die Hoffnung selbst merx, oder der Gegenstand des Kaufs.

Emtio rei speratae ist conditionata; wenn die res sperata gar nicht existirt, so wird der Kauf für nicht geschlossen geachtet, und das schon gezahlte Kauf-Pretium muß zurückgezahlt werden. Z. E. wenn jemand seinen Fischfang verkauft, so ist das emtio spei. Es ist eben so gut möglich, daß etwas, oder daß gar nichts gefangen wird. Geschieht auch letzteres, so ist dennoch der Contract gültig und der Käufer muß das Kauf-Pretium bezahlen.

Wenn aber jemand seine Wein-Erndte verkauft, so ist das emtio rei speratae. Denn nach dem gewöhnlichen Lauf der Dinge ist zu erwarten, daß eine Wein-Erndte sein werde. Existirt aber eine Erndte, sie mag so gering sein, als sie will, so besteht der Contract. Existirt aber gar keine, so wird der Contract aufgehoben ob defectum conditionis.

Von der emtione spei et rei speratae unterscheidet Stryk noch den Kauf in herbis; wenn z. B. jemand dem anderen sein Getreide auf dem Halm abkauft. Hier existirt merx schon wirklich und es ist eine emtio pura vorhanden. Nur fragt es sich, was Rechtens, wenn das Getreide noch vor der Erndte durch Unglücksfälle rc. vernichtet wird. Nach der Römischen Theorie hatte es kein Bedenken, daß ein solcher Schade den Käufer traf, weil perfecto contractu das periculum auf ihn überging. Nach gegenwärtiger Theorie, wo dominium et periculum erst per traditionem übergehen, ist die Sache zweifelhafter. Doch würde ich annehmen, daß, insofern nicht etwa traditio longa manu, z. B. durch Anweisung, hinzugekommen, der Contract pro conditionato und pro emtione rei speratae zu achten sei.

Noch ist zu merken, daß in dubio, bei undeutlicher Fassung des Contracts, mehr pro emtione rei speratae als pro emtione spei zu präsumiren sei, und daß, wenn die Non-Existenz der künftigen Begebenheit mit Gewißheit vorauszusehen ist, das Negotium nach den Regeln der Schenkung beurtheilt werden müsse.

ad §. 27. 28. (Vgl. S. 44—45.) Das ist eigentlich emtio rei speratae und würde ich daher nach der im introitu angenommenen Theorie post §. 28. zusetzen:

„Wenn jedoch die künftige Sache gar nicht zur „Wirklichkeit gelangt, so ist der Contract für aufgehoben zu achten, und der Verkäufer muß das bereits erhobene Kaufgeld, jedoch ohne Zinsen, zurückgeben."

ad §. 29. (Vgl. S. 45.) Dazu sehe ich keinen Grund. Man will der Uebervortheilung der gemeinen Landleute vorbeugen. Dazu ist aber die Disposition nicht hinreichend; und sie kann überhaupt nicht exitum haben. Denn, wenn die Erndte ohne Bestimmung von Zahl und Maaß verkauft worden, so ist nicht abzusehen, wie das Kauf-Pretium nach dem gangbaren Preis der Erndte bestimmt werden solle. Ich würde lieber dergleichen Käufe für unverbindlich erklären. Darüber haben wir schon, so viel ich mich erinnere, Polizei-Gesetze. Es ist der größte Ruin des Landmanns und verleitet ihn zur Unwirthschaft und Verschwendung, wenn ihm erlaubt wird, das, wovon er ein ganzes Jahr leben, seine Onera und Abgaben prästiren soll, solchergestalt zu anticipiren. Wollte man solche Negotia zulassen, so würde eine Menge Bestimmungen nöthig sein, z. B. daß durch einen solchen Kauf den Rechten des Staats, der Gemeine, der Grund-

Herrschaft und der Realgläubiger, in Ansehung der Abgaben und Zinsen, nicht präjudicirt werden könne. Also lieber dergleichen Käufe ganz verbieten. Kaufmännische Speculationes gehören nicht für den gemeinen Landmann.

ad §. 30. 31. 32. (Vgl. S. 45.) Herr v. T. meint, der Verkäufer müsse in diesem Falle die verkaufte Quantität praecise abliefern, wenn er auch solche nicht selbst gewonnen hätte. Es sei denn, daß der Contract ausdrücklich auf eigenen Zuwachs gerichtet gewesen; oder der Verkäufer ein Mann wäre, der nicht dafür, daß er mit fremden Produkten handle, angesehen werden könne. Ich trete in der Hauptsache bei und würde die §. 30. 31. 32. so fassen:

§.

Hat jemand eine gewisse Zahl, Maaß oder Gewicht von seinem künftigen Zuwachs verkauft, so ist der Kauf nur in so weit gültig, als die bestimmte Quantität wirklich gewonnen worden. (Vgl. S. 45. §. 30.)

§.

Kann der Verkäufer diese Quantität nicht vollständig abliefern ꝛc. (Vgl. S. 45. §. 31.)

§.

Dagegen ist der Landwirth ꝛc. (Vgl. S. 45. §. 32.)

§.

Ist aber eine gewisse Lieferung, ohne Beziehung auf den Zuwachs eines bestimmten Grundstücks, versprochen worden, so muß solche geleistet werden, wenn auch der Verkäufer das versprochene Quantum auf seinem Grundstück nicht gewonnen hat.

§.

Gehört der Verkäufer unter die gemeinen Landleute, so wird im zweifelhaften Falle vermuthet, daß er die Lieferung nur von dem Zuwachs seines eigenen Grundstücks versprochen habe.

§.

Mit dergleichen gemeinen Landleuten kann ein solcher

Kauf nur nach den zur Zeit der Erndte marktgängigen Preisen geschlossen werden.

§.

Ist aber der Käufer ein Mann, der mit dergleichen Produkten ein Gewerbe treibt, so bleibt's beim Obigen.
(Bd. 28. S. 266. und 267v. —268.)

VI. Im Konzepte des umgearbeiteten Entwurfes, Theil II. Abtheilung 2. Titel 8. Abschnitt 6. „Von gewagten Geschäften und ungewissen Erwartungen" heißt es unter dem Marginale „Verkauf künftiger Sachen" also:

§. 481. Insofern eine künftige Sache, ohne Bestimmung von Zahl, Maaß und Gewicht, in Pausch und Bogen bedungen wird, gehört dieser Kauf zu den gewagten Geschäften.

§. 482. Gefahr und Vortheil aus einem solchen Vertrage trifft allein den Käufer.

§. 483. Kommt aber die künftige Sache gar nicht zur Wirklichkeit, so ist der Vertrag für aufgehoben zu betrachten und der Verkäufer muß das empfangene Kauf-Geld, jedoch ohne Zinsen, zurückgeben.

§. 484. Hat jemand eine gewisse Zahl, Maaß oder Gewicht von seinem künftigen Zuwachs verkauft, so ist der Kauf nur in so weit gültig, als die bestimmte Quantität wirklich gewonnen worden.

§. 485. Kann der Verkäufer die bestimmte Quantität nicht vollständig abliefern, so ist der Käufer den mindern Betrag anzunehmen nicht schuldig.

§. 486. Dagegen ist ein Landwirth die verkaufte Quantität von dem Ertrage seines Grundstücks nur in so weit abzuliefern schuldig, als solche zur Saat und Unterhaltung der Wirthschaft nicht erforderlich ist.

§. 487. Ist aber eine gewisse Lieferung, ohne Bezug auf den Zuwachs eines bestimmten Grundstücks, versprochen worden, so muß solche geleistet werden, wenn auch der

Verkäufer das versprochene Quantum auf seinen eignen Grundstücken nicht gewonnen hat.

§. 488. Gehört der Verkäufer unter die gemeinen Landleute, so wird im zweifelhaften Falle vermuthet, daß er die Lieferung nur von dem Zuwachs seines eigenen Grundstücks versprochen habe.

§. 489. Eine Ausnahme hiervon findet statt, wenn der Verkäufer ein Mann ist, der sich sonst schon mit dergleichen Lieferungs-Geschäften eingelassen hat.

§. 490. Mit gemeinen Landleuten kann ein Kauf über ihren künftigen Zuwachs nur nach Zahl, Maaß und Gewicht, und nach den zur Zeit der Erndte marktgängigen Preisen gültig geschlossen werden.

(Bd. 29. S. 164v.—165.)

VII. Die zum Drucke bestimmte Abschrift des umgearbeiteten Entwurfes stimmt hiermit wörtlich überein. Eben so der gedruckte Entwurf.

VIII. Im Extrakte der Monita zum gedruckten Entwurfe findet sich Folgendes:

§. 481.	§. 481.
ad 1. Um lästige Einschränkungen der Freiheit zu vermeiden, könnte dies nur bei Objecten von Wichtigkeit stattfinden, z. B. wenn das Kaufgeld über 200. Thlr. ist.	1. Dergleichen Contracte sollten jederzeit gerichtlich geschlossen werden, um allen Vervortheilungen so viel als möglich vorzubeugen.
ad 2. So lange die künftige Sache noch nicht zur Existenz gekommen ist, fällt die Frage vom Eigenthum hinweg. Sobald sie aber existirt, ist der Verkäufer nach §. 234. und §. 240. zu beurtheilen.	2. Wenn ein solcher Handel auf baar Geld geschlossen, die Zahlung aber nicht geleistet wird, wie ist es dann mit dem Eigenthum der verkauften Sache?
§. 483.	§. 483.
ad 1. Die Vorschrift wird ganz außer Zweifel gesetzt wer-	1. Diese Vorschrift sollte ganz wegbleiben; wenn alle Gefahr

den, wenn sie deutlicher auf solche künftige Sachen oder Vortheile, welche nach dem natürlichen und gewöhnlichen Laufe der Dinge erwartet werden können, eingeschränkt wird. (Vgl. S. 53. §. 578.)

aus einem solchen Vertrage den Käufer allein treffen soll, so muß er auch den Schaden tragen, wenn die künftige Sache nicht zur Wirklichkeit kommt. Ueberdies ist es z. B. bei Feldfrüchten sehr schwer zu bestimmen, ob sie gar nicht, oder doch zum Theil, wenn gleich zum kleinsten Theil, zur Wirklichkeit gekommen sind.

ad 2. wird anheimgestellt.

2. Warum soll das Kaufgeld nur ohne Zinsen zurückgegeben werden? Dadurch wird ja der Verkäufer mit dem Schaden des Käufers bereichert.

§. 484.

Wegen der gemeinen Landleute hätte Monent den §. 490. nachsehen sollen. Daß aber diese Vorschriften nicht hierher gehören, scheint richtig, weil dabei kein gewagtes Geschäft zum Grunde liegt. Vielleicht würden sie am Besten nach §. 225. eingerückt werden können.

§. 484.

Dergleichen Verträge sollten bei gemeinen Landleuten gar nicht zugelassen werden. Ueberhaupt scheint die Vorschrift dieses §. und der sechs folgenden §phen nicht hierher, sondern zur Materie von Lieferungen §. 697. seqq. zu gehören.

§. 486.

Wird anheimgestellt. Wenigstens dürfte eine deutlichere Fassung nöthig sein, z. B.
Hat jedoch ein Landwirth von dem Ertrag oder Zuwachs seiner Grundstücke eine bestimmte Quantität verkauft, so muß

§. 486.

Diese Vorschrift scheint die Gültigkeit der Kaufcontracte zu verletzen und zu schwierigen Streitigkeiten Anlaß zu geben.

der Käufer sich so viel abrechnen lassen, als u. s. w. (Vgl. S. 49.)

§. 488.	§. 488.
Dem Staat ist sehr daran gelegen, daß dergleichen Leute nicht außer Stand gesetzt werden, ihre Wirthschaft zu betreiben, und diese Betrachtung ist überwiegend.	Gemeine Landleute verdienen in Sachen, womit sie sich täglich beschäftigen, keine Nachsicht und keinen Schutz gegen die Folgen ihres Leichtsinns oder ihrer Unvorsichtigkeit.
§. 490.	§. 490.
ad 1. Das Gesetz scheint nur von Früchten zu reden, nicht vom Vieh, nach Anleitung der Vorschrift wegen Bestimmung des Preises.	1. Nach dem Worte: „Zuwachs" könnte der Deutlichkeit wegen beigefügt werden: an Früchten und Vieh.
ad 2. Martini oder Weihnachten kann schon darum nicht angenommen werden, weil dieser Termin erst lange nach der Ablieferung einfällt. Schon zur Zeit der Erndte ändert sich der Preis, je nachdem sie gut oder schlecht ist.	2. Der marktgängige Preis zur Zeit der Erndte ist gewöhnlich sehr hoch, und der Käufer würde dabei sehr leiden. Martini oder Weihnachten ist gewöhnlich ein Mittelpreis.

(Bd. 79. S. 186 v.—187.)

IX. In der Revision der Monita zum gedruckten Entwurfe sagt Suarez:

1. ad §. 481. Nr. 1. trete ich den Monenten bei, welche festsetzen wollen, daß, sobald nicht beide Theile Kaufleute sind, und der Kaufpreis 200. Rthlr. übersteigt, dergleichen Verträge sub poena nullitatis gerichtlich geschlossen werden müssen, um die vielen Uebereilungen und Betrügereien möglichst zu vermeiden.
2. ad §. 481. Nr. 2. würde ich annehmen, daß, wenn die gehofften Früchte zur Existenz kommen, der Käufer das Eigenthum nicht ipso jure erlange, sondern traditio hinzukomme. Die Sicherheit und Gewißheit des Eigenthums scheint solches zu erfordern. — Die Sache ist für über-

geben zu achten, wenn die gehoffte Sache von dem Käufer in seine Verwahrung und Obsicht übernommen worden.
(Der letztgedachte Satz ist von Suarez am Rande beigefügt.)

3. ad §. 483. Nr. 2. scheint es in der Billigkeit gegründet, daß keine Zinsen bezahlt werden dürfen. Bei der emtione spei geht gewöhnlich der Käufer auf einen großen Gewinn aus. Ihn muß man also am wenigsten begünstigen.
(Bd. 80. S. 245.)

X. Im Konzepte des Allgemeinen Gesetzbuches, Theil I. Titel 11. Abschnitt 6. „Von gewagten Geschäften und ungewissen Erwartungen" heißt es zu 6. unter dem Marginale „Vom Verkauf künftiger Sachen" also:

§. 578. Insofern eine noch künftige Sache, die aber doch nach dem natürlichen und gewöhnlichen Laufe der Dinge erwartet werden kann, ohne Bestimmung von Zahl, Maaß oder Gewicht, in Pausch und Bogen bedungen wird, gehört dieser Kauf zu den gewagten Geschäften.

§. 579. Dergleichen Verträge müssen jedoch, sobald der Kauf-Preis die Summe von zweihundert Thalern übersteigt, und nicht beide Contrahenten Kaufleute sind, bei Strafe der Nichtigkeit, gerichtlich geschlossen werden.*)

§. 580. Gefahr und Vortheil aus einem solchen Vertrage trifft allein den Käufer.

§. 581. Sobald die gehoffte Sache zur Wirklichkeit gelangt, ist der Verkäufer zur Uebergabe verpflichtet.

§. 582. Die Uebergabe ist für geschehen zu achten, sobald die Sache, von welcher der Vortheil gehofft wird, von dem Käufer in seinen Gewahrsam und Obsicht genommen worden.

§. 583. Kommt aber die Sache gar nicht zur Wirklichkeit, so ist der Vertrag für nicht geschlossen zu achten, und

---

*) Vgl. die Gesetzsammlung für 1845. S. 495. §. 1. lit. d.

der Verkäufer muß das empfangene Kaufgeld, jedoch ohne Zinsen, zurück geben.

§. 584. Hat jemand eine gewisse Zahl, Maaß oder Gewicht von seinem zukünftigen Zuwachs verkauft, so ist der Kauf nur in so weit gültig, als die bestimmte Quantität wirklich gewonnen worden.

§. 585. Kann der Verkäufer die bestimmte Quantität nicht vollständig abliefern, so ist der Käufer den minderen Betrag anzunehmen nicht schuldig.

§. 586. Hat aber ein Landwirth von dem Ertrage oder Zuwachs seiner Grundstücke eine bestimmte Quantität verkauft, so muß der Käufer sich so viel abrechnen lassen, als zur Saat und Unterhaltung der Wirthschaft sonst fehlen würde.

§. 587. Ist eine gewisse Quantität künftiger Früchte ohne Beziehung auf den Zuwachs eines bestimmten Grundstücks versprochen worden, so ist das Geschäft nach den Regeln von Lieferungen zu beurtheilen.

§. 588. Gehört der Verkäufer unter die gemeinen Landleute, so wird im zweifelhaften Falle vermuthet, daß er die Leistung nur von dem Zuwachs seines eignen Grundstücks versprochen habe.

§. 589. Eine Ausnahme hiervon findet statt, wenn der Verkäufer ein Mann ist, der sich mit dergleichen Lieferungsgeschäften sonst schon eingelassen hat.

§. 590. Mit gemeinen Landleuten kann ein Kauf über ihren zukünftigen Zuwachs nur nach Zahl, Maaß oder Gewicht, und nach den zur Zeit der Erndte marktgängigen Preisen geschlossen werden*).

(Bd. 81. S. 107v — 108.)

XI. Dagegen monirte Heidenreich: ad §. 580. würde ich zusetzen:

---

*) Vgl. die Gesetzsamml. für 1842. S. 200. und für 1843. S. 347.

und kann also der Käufer weder auf eine Verletzung im Werthe provociren, noch einen Erlaß des bedungenen Kaufgeldes fordern, sobald nur ein Theil der Sache zur Wirklichkeit kommt;

und Lamprecht:

ad §. 579. Ich wünschte nur der Einförmigkeit willen, daß man die Summe auf 50. Thlr. festsetzte.

ad §. 526. und 578. Die Lehre vom gewagten Geschäfte und Verkauf künftiger Dinge grenzt so nahe an einander, daß ich zur Belehrung des künftigen Richters gewünscht hätte, daß Beispiele davon gegeben wären;

worauf Suarez erwiderte:

Der Grund, warum hier bei Objecten von Wichtigkeit die gerichtliche Abschließung des Vertrags sub poena nullitatis erfordert worden, liegt darin, weil dergleichen Negotia zu Betrügereien, Uebervortheilungen und verstecktem Wucher allzuviel Raum geben. Da Kaufleute ausdrücklich ausgenommen sind, so kann es nicht schaden, wenn dergleichen Speculationen andern Leuten, welche dazu ohnehin keinen Beruf haben, erschwert werden.
(Bd. 83. S. 33.v 132. und 175)

XII. Das Manuskript des Allgemeinen Gesetz-Buches, Theil I. Titel 11. Abschnitt 5. Nr. 6. §§. 582 bis 594., stimmt mit dem Konzepte überein. Jedoch ist im §. 583. statt „zweihundert Thaler“ gesagt: „hundert Thaler“; im §. 586. statt: „in seinen Gewahrsam und Obsicht“ — „in seine Gewahrsam oder Obsicht“; im §. 587. statt „die Sache,“ „die künftige Sache“; im §. 588. statt „eine gewisse Zahl, Maaß oder Gewicht“ — „einen gewissen, nach Zahl, Maaß oder Gewicht bestimmten Theil“; im §. 590. statt „von dem Ertrag“ „von dem künftigen Ertrag“ und statt „so muß der Käufer sich so viel abrechnen lassen“ — „so muß der Käufer, gegen verhältnißmäßige Herabsetzung des Kaufgeldes, sich so viel abrechnen lassen."

Mit diesen Modifikationen sind die §§. 582—594. in den Theil I. Titel 11. Abschnitt 6. Nr. 6. des Allgem. Landrechts übernommen worden. Nur heißt es hier in dem §. 593. statt „mit dergleichen Lieferungsgeschäften" — „auf dergleichen Lieferungsgeschäfte."

Dritter Abschnitt.

Die Preußische Gesetzgebung nach Publikation des Allgemeinen Landrechts.

Seit Emanation des Allgemeinen Landrechts ist zwar in den Preußischen Gesetzen häufig von Lieferungen und Lieferungskontrakten, insbesondere in Betreff der Armee-Bedürfnisse, die Rede.*) Auch wird im Stempeltarife vom 7. März 1822.,**) so wie in dessen Erläuterungen, ***) der Lieferungsverträge mit dem Bemerken gedacht, daß sie wie Kaufverträge zu behandeln seien. Von juristischem Interesse ist aber nur die, bereits S. 13. berührte Verordnung, betreffend den Verkehr mit Spanischen und sonstigen, auf den Inhaber lautenden Staats- oder Kommunal-Schuld-Papieren, vom 19. Januar 1836,†) indem darin gesagt ist:

§. 2. Der Abschluß von Zeitkauf- oder Lieferungs-

---

*) Vgl. die Gesetzsammlung für 1813. S. 101., für 1817. S. 7. und das Register zu derselben für 1806—1830. unter dem Worte: „Lieferung".

**) Gesetzsammlung für 1822. S. 82.

***) Vgl. das Justiz-Ministerial-Blatt, Jahrg. II. S. 202., und die Entscheidungen des Geheimen Ober-Tribunals, Bd. 5. S. 30. ff.

†) Gesetzsamml. für 1836. S. 9—10. und S. 140.

Verträgen über Spanische Staats-Schuld-Papiere, unter welchen Modalitäten und in welcher Form er auch erfolgen möge, wird hierdurch, bei Vermeidung einer dem vierten Theil des bedungenen Kauf- oder Lieferungs-Preises gleichkommenden Geldbuße oder verhältnißmäßigen Gefängniß-Strafe, unbedingt untersagt, und es soll diese Strafe unnachsichtlich sowohl gegen jeden Kontrahenten, als auch, außer der nach §. 4. 5. sonst etwa noch verwirkten Strafe, gegen einen jeden Andern eintreten, der als Vermittler oder sonst auf irgend eine Weise bei dem Abschlusse solcher Verträge mitwirkt. Ist der Betrag des bedungenen Kauf- oder Lieferungs-Preises nicht zu ermitteln, so wird die Geldbuße auf Zehn Prozent des Nominalwerths der Papiere festgesetzt.

§. 3. Alle bereits abgeschlossene, noch laufende Verträge über Spanische Staats-Schuld-Papiere müssen binnen acht Tagen nach Publikation der gegenwärtigen Verordnung angezeigt und nachgewiesen werden, und zwar an Orten, wo Börsen bestehen, bei den Börsenvorstehern, sonst aber in Städten bei der Polizei-Obrigkeit und auf dem Lande bei dem Landrath des Kreises. Bei Verträgen, die nicht auf diese Weise angemeldet werden, soll sodann, auch wenn sie aus der Zeit vor Publikation der gegenwärtigen Verordnung datirt sind, ein Klagerecht unbedingt nicht stattfinden (§. 1.), auch, sofern sie in Zeitkauf- oder Lieferungs-Verträgen bestehen, die obige Strafe (§. 2.) zur Anwendung kommen.

Sollte der Schluß nicht gerechtfertiget sein, daß, wenn Lieferungsverträge über gewisse geldwerthe Papiere den Zeit-Käufen in strafrechtlicher Beziehung vom Gesetzgeber gleich gestellt sind, derselbe auch kein Bedenken darüber gehegt haben dürfte, daß beide in civilrechtlicher Hinsicht einander gleich stehen?

Vierter Abschnitt.

Die auswärtige Legislation.

Sieht man sich um, wie der Gegenstand in den Nachbar-Ländern behandelt worden ist, so kommt zunächst das neueste Gesetzbuch eines großen Staates in Betracht, nämlich:

I. das allgemeine bürgerliche Gesetzbuch für die gesammten deutschen Erbländer der Oesterreichischen Monarchie vom Jahre 1811. Dieses handelt im zweiten Theile, Hauptstück 26. §§. 1151. ff. von entgeldlichen Verträgen über Dienst-Leistungen. Es bestimmt dabei zur Beantwortung der Frage, wann die Bestellung in einen Kaufvertrag über-gehe, im §. 1158:

> Im Zweifel, ob die Bestellung einer Arbeit für einen Kauf- oder für einen Lohnvertrag zu halten sei, wird vermuthet, daß derjenige, der den Stoff dazu liefert, den Arbeiter bestellt habe. Hat aber der Arbeiter den Stoff geliefert, so wird ein Kauf vermuthet;

und fügt im §. 1163. hinzu:

> Die hier aufgestellten Vorschriften gelten auch von Rechts-Freunden, Aerzten und Wundärzten, Faktoren, Provisoren, Künstlern, Lieferanten und anderen Personen, welche sich für ihre Bemühungen einen Gehalt, eine Bestallung,

oder sonst eine Belohnung ausdrücklich oder stillschweigend ausbedungen haben, insofern hierüber keine besonderen Vorschriften bestehen.

II. In Frankreich bezeichnet man die Lieferungsverträge mit dem Ausdrucke: „des entreprises de fournitures.“ Pardessus *) läßt sich hierüber in nachstehender Weise vernehmen:

Il est une autre classe de ventes, qui, par sa nature, doit être mise au rang des opérations commerciales, sans qu'on ait à rechercher, si les choses vendues ont été achetées dans cette vue.

Dès qu'une personne, ne fût-elle pas de profession commerciale, s'engage à fournir à quelqu'un des denrées, marchandises, ou autres objets de cette nature, qu'elle ne désigne pas spécialement et limitativement, comme faisant partie des fruits de sa culture, il y a une sorte de présomption, que cette personne ne recueille pas ces choses; qu'elle les achètera ou les fera confectionner, et que son entreprise est un moyen, de se procurer des profits industriels, soit dans le revente, soit dans la préparation, soit dans le transport de ces marchandises; c'est ce qu'on appelle entreprise de fournitures.

Les entreprises de fournitures sont un genre de vente. Celui qui s'oblige à procurer des choses moyennant un certain prix, se nomme fournisseur.**) Il peut faire cette promesse à forfait, ou à tant la mesure convenue. Ainsi, lorsqu'un boulanger s'est obligé, de fournir à un chef d'atelier le blé ou le pain, dont celui-ci prévoit avoir besoin pour la nourriture de ses ouvriers, l'incertitude sur le nombre des ouvriers, qui rend indéterminée la

---

*) In seinem cours de droit commercial, Paris 1831. tom. I. p. 26. und tom. II. p. 62—64. Nr. 21. und Nr. 300.—302.

**) Vgl. §. 981. Tit. 11. Th. I. des Allg. Landrechts.

quantité de rations à fournir, n'empêche pas l'obligation d'être valable. Si l'entreprise est à forfait, les parties doivent être, à défaut de plus amples explications, présumées avoir entendu, que le nombre d'ouvriers, dont la nourriture doit être fournie, n'excédera pas celui, qui existoit lors de la convention. Si l'entreprise est à tant la ration, l'entrepreneur ne peut refuser tout ce qui lui sera demandé, à moins qu'il ne paroisse évident, que le créancier abuse de son droit, en prenant, dans un moment de disette ou de renchérissement extraordinaire des vivres, de nouveaux ouvriers avec la condition de les nourrir, et, par conséquent, de leur payer peu ou point de salaires en argent. A cet égard, les tribunaux se décideroient par les circonstances.

Si la fourniture en général, ou le mode de la faire, devenoit absolument impossible,*) par un événement de force majeure, qu'il n'a pas été dans la pensée des parties de prévoir, les régles ordinaires sur la résolution des conventions et l'affranchissement de tous dommages et intérêts, devroient être observées. Mais l'entrepreneur de fournitures ne peut se soustraire à son obligation par cela seul, qu'un événement lui en rendroit l'exécution onéreuse,**) ni réclamer d'indemnité ou d'augmentation de prix, si cela n'a été stipulé, ou si, du moins, cela ne résulte pas de l'intention des parties, déduite de leur convention; ou enfin, si la loi ne lui accorde ce droit. On a même rangé parmi les délits (Pén. 430.) le manque de service des entrepreneurs du gouvernement, quand le ministre, que cet objet concerne, en fait la dénonciation; mais cette exception ne s'étendroit pas à des marchés entre particuliers.

---

*) Vgl. §. 983. Tit. 11. Th. I. Allg. Landr.
**) Vgl. §. 982. a. a. O.

Celui, à qui la fourniture doit être faite, n'a pas, à son tour, le droit de rompre la convention à son gré; cependant si, par des changemens de circonstances,*) la fourniture promise lui devenoit inutile, relativement au but, qu'il se proposoit, lorsqu'il l'a stipulée, il sembleroit juste, qu'il pût être admis par les tribunaux à faire résilier le marché, tant que l'entrepreneur n'a pas acheté, fabriqué ou réuni les choses promises, à la charge, de lui payer une indemnité pour ses peines, soins, déboursés, et pour les bénéfices, qu'il auroit pu faire.**)

Mais si le fournisseur avoit, lors de la rétractation, acquis, en tout ou en partie, les choses commandées, l'auteur de la commande doit les accepter, ou le fournisseur peut lui en faire les offres; et même il peut être autorisé, à les faire vendre publiquement, aux risques et périls de l'acheteur, qui seroit condamné, à lui rembourser la différence.***)

III. Der Entwurf eines Handelsgesetzbuches für das Königreich Württemberg, Buch II. Titel 5. „Von dem Lieferungsvertrage", besagt Folgendes:

Art. 362.

Begriff.

Wer sich gegen einen Anderen verbindlich macht, ihm bewegliche, nach Art und Beschaffenheit bestimmte Sachen gegen einen bestimmten Preis zu verschaffen, heißt Lieferant.

Art. 363.

Verhinderung der Lieferung.

Wird die Lieferung überhaupt, oder in Rücksicht der Zeit,

---

*) Vgl. §. 984. Tit. 11. Th. I. Allg. Landr.

**) Vgl. §. 985. a. a. O.

***) Vgl. §. 986. daselbst.

oder des Orts durch unvorhergesehene, unwiderstehliche Gewalt unmöglich; so kann der Lieferant gerichtliche Aufhebung des Vertrages, oder billigen Aufschub der Erfüllung verlangen.

Art. 364.

Erschwerung der Lieferung.

Der Lieferant kann sich aber seiner Pflicht nicht entziehen, wenn ihm die Lieferung durch nachher eingetretene Umstände auch noch so sehr erschwert oder lästig wird.

Verhinderung des Bestellers.

Art. 365.

Wird die besprochene Lieferung dem Besteller wegen veränderter Umstände unnütz oder unbrauchbar; so kann der Besteller den Vertrag widerrufen.

Er muß jedoch den Lieferanten jedenfalls für gehabte Mühe und Kosten entschädigen; und auch für den entgangenen Gewinn, wenn ihn nicht unwiderstehliche Gewalt an der Annahme der Lieferung hindert.

Art. 366.

Hatte der Lieferant die bestellte Sache zur Zeit des Widerrufs ganz oder zum Theil bereit liegen, so muß sie der Besteller annehmen, oder sich den öffentlichen Verkauf auf seine Gefahr und Kosten gefallen lassen.

Art. 367.

Theilweise Vollziehung.

Treten die Art. 363. 365. genannten Umstände ein, nachdem der Lieferungsvertrag bereits theilweise vollzogen ist, so kann nur der unvollzogene Theil angefochten werden.

Art. 368.

Sonstige gesetzliche Bestimmungen über den Lieferungsvertrag.

Im Uebrigen finden bei dem Lieferungsvertrage die für den Kauf und die Miethe geltenden, gesetzlichen Bestimmungen Anwendung.

Ist daher der Lieferant zum Ueberbringen der Sache verpflichtet, so berechtigt seine Versäumniß den Besteller zum Rücktritte, ohne daß es einer Mahnung oder Anbot des Preises bedürfte.

Zeitgeschäfte.

Art. 369.

Lieferungsverträge, wobei der Lieferant oder der Besteller das Recht hat, sich seiner Verbindlichkeit durch Zahlung des Preisunterschiedes der Ablieferungszeit zu entledigen, sind durchaus ungültig, und das auf diese Weise Bezahlte kann jeder Zeit zurückgefordert werden.

Art. 370.

Hat der Lieferant die versprochenen Waaren oder Creditpapiere zur Ablieferungszeit nicht wirklich angeboten oder bereit gelegt; so wird im Zweifel angenommen, daß er ein ungültiges Zeitgeschäft (Art. 369.) beabsichtigt habe.

Art. 371.

Lieferungsverträge über Creditpapiere (Effecten) müssen schriftlich geschlossen werden.

Literarische Lieferungen.

Art. 372.

Unterzeichnungen auf literarische oder Kunst-Werke, welche als Lieferungen erscheinen, verpflichten den Unterzeichner im Zweifel blos zur Annahme der nächsten, rechtzeitig geschehenden Lieferung; bis zum Empfange einer Lieferung kann er alle folgenden Lieferungen aufkündigen.

Art. 373.

Unternehmer von literarischen oder Kunst-Werken können im Zweifel von ihren Unterzeichnern oder von ihren Abnehmern auf den ausgegebenen Prospectus hin, wegen der Herausgabe oder deren Fortsetzung nicht in Anspruch genommen, und wenn die Unternehmung stockt, nicht zur Zurücknahme des bereits Gelieferten angehalten werden.

Nur Vorausbezahlungen sind sie im letzteren Falle, ganz oder theilweise, zurückzugeben schuldig.

Zur Rechtfertigung vorstehender Bestimmungen heißt es in den Motiven also:

„Vor allen Dingen darf man nicht übersehen, daß der Lieferungsvertrag als solcher Handelsgeschäft ist, und daher keiner der Contrahenten eigentlicher Handelsmann zu sein braucht.

Art. 362.

Das preuß. Landr. Th. I. Tit. 11. §. 981. und die französischen Rechtsgelehrten *) stimmen mit der hier gegebenen Bezeichnung des Lieferanten (fournisseur) größtentheils überein.

Ob das Versprechen in Bausch und Bogen, oder zu einem gewissen Preise für die übereingekommene Quantität geleistet wird, macht keinen Unterschied.

Das preuß. Landr. a. a. O. spricht blos von „bestimmten" Sachen, ohne hinzuzufügen, daß sie nur nach Art und Beschaffenheit bestimmt zu sein brauchen. Denn es soll sich hier nicht von einer bestimmten Sache handeln, welche schon im Besitze des Lieferanten ist, oder die er erst erwartet, z. B. von dem bestimmmten Ertrage eines Guts, einer Heerde; dies wäre ein Kauf- und kein Lieferungsvertrag, und in dem letzteren Falle nicht einmal Handelssache. Beim Lieferungsvertrage ist es gerade charakteristisch, daß der Empfänger nicht weiß, oder sich nichts darum bekümmert, ob der Lieferant sich die zu liefernde Sache bereits verschafft hat, oder noch verschaffen wird; daß er vielmehr annimmt, er werde die genannten Sachen einsammeln, einkaufen, verfertigen lassen 2c., um sich davon, sei es auch nur dürch den Transport, Gewinn zu verschaffen.

Daß der Lieferant die Sache gar nicht, oder nicht ganz im Besitze haben darf zur Zeit des Vertragsabschlusses, ist nicht wesentlich, obgleich es die Regel ausmacht; nur darf der Besteller nicht wissen, daß er sie schon besitzt. **)

*) Vgl. Pardessus No. 21. 300. a. a. O.

**) Vgl. Schiebe, Blätter für Handel und Industrie, 1836. No. 27.

Hiernach enthält jede Waarenbestellung bei einem Fabrikanten den Antrag einer Lieferung; das Geschäft verwandelt sich aber in einen Kauf, wenn der Fabrikant antwortet, daß er das Bestellte vorräthig habe.

Das Versprechen, eine bestimmte, in fremdem Eigenthume befindliche Sache zu verschaffen, kann ebenfalls nicht als Lieferungsvertrag angesehen werden, da vorausgesetzt werden muß, der Contract sei aufgehoben, wenn der Dritte die Sache nicht abtritt, falls nicht andere Bestimmungen verabredet wären. — Eine Lieferung kann nicht nur dazu abgeschlossen werden, daß der Besteller Eigenthümer der Sache werde, sondern auch dazu, daß er sie zum Gebrauche, zur Miethe, erhält, z. B. die Lieferung von Transportmitteln.

Endlich ist der Unterschied zwischen einer Lieferung und einer Einkaufscommission, wobei der Commissionär nicht für eigene Rechnung, sondern in fremdem Auftrage handelt, wohl zu beachten.

Art. 363.

Das preuß. Landr. a. a. O. §. 983. drückt den hier angeführten Satz allgemeiner aus, und spricht auch von einer unvorhergesehenen Gefahr der Ausführung; man glaubte ihn jedoch auf die unwiderstehliche Gewalt beschränken zu können. *)

Als unwiderstehliche Gewalt würde z. B. das Verbot einer Waareneinfuhr anzusehen sein, wenn die zu liefernden Waaren vom Auslande bezogen werden müßten oder sollten; ferner, wenn eine Fabrik abbrennen, oder Beschädigungen durch Ueberschwemmung, durch Zerspringen des Dampfkessels leiden würde, nicht aber, wenn durch sonstige Mängel der Maschinerie Stockung entstünde. — Zur Entschädigung an den Besteller ist der Lieferant natürlich nicht verpflichtet, wenn ihn unwiderstehliche Gewalt hinderte.

Art. 364.

Dahin gehört, wenn die zur Ablieferung bestimmten

---

*) Vgl. Pardessus No. 301.

Vorräthe zerstört würden, indem ja der Lieferant für andere sorgen kann, wenn nur nicht über bestimmte Vorräthe contrahirt wurde.*)

Art. 365.

Absatz 2. Der Nachsatz wurde zu dem Inhalte des preuß. Landr. a. a. O. §§. 984. 985. hinzugefügt, weil es unbillig schien, daß der Lieferant einen Nachtheil erleiden sollte, wenn sich der Zufall nicht in seiner Person ereignet; vorausgesetzt, daß es sich nicht von unabwendbarer, höherer Gewalt handelt.**)

Art. 366.

Preuß. Landr. a. a. O. §. 986.

Art. 367.

Beim Kaufe kann der Käufer den vollzogenen Theil nicht anfechten, wenn er sich eine theilweise Ablieferung freiwillig gefallen läßt. Wäre aber eine theilweise Ablieferung bedungen, d. h. ein eigentlicher Lieferungsvertrag vorhanden, so wäre es unbillig, wenn man dem Käufer bei einer späteren unvollständigen Vollziehung, die ja auch durch die Schuld des Verkäufers geschehen, und die dem Käufer das zuerst und theilweise Erhaltene unnütz machen kann, das Recht entziehen wollte, den ganzen Vertrag anzufechten. Nur wenn die spätere Nichtvollziehung von höherer Gewalt herrührt (Art. 363.), oder wenn der Besteller aufkündigt, ehe der Lieferant Alles bereit hat (Art. 365. 366.), kann der unvollzogene Theil des Vertrages aufgehoben werden.

Art. 368.

Absatz 1. Preuß. Landr. a. a. O. §. 987. Die gesetzlichen Bestimmungen über den Miethvertrag sind blos dem Civilrechte zu entnehmen. — Lieferungen unbeweglicher Sachen zum Gebrauche, z. B. wenn ein Unternehmer Quartiere bereit zu halten verspricht, gehören nicht hierher;

*) Vgl. Pardessus No. 238.

**) Vgl. Pardessus No. 301.

wohl aber, wenn er Zimmer mit gemietheten Meublen zu versehen übernimmt.

Absatz 2. enthält die Anwendung des im Art. 325. ausgesprochenen Grundsatzes auf den Kauf- und Lieferungsvertrag; sie durfte aber um so weniger fehlen, als das bisherige Recht nicht damit übereinstimmt.

Das portugiesische Handels G.-B. Art. 492. will Aufhebung des Kaufes ohne gerichtliche Dazwischenkunft, wenn die Sache noch nicht übergeben ist und der Käufer den Preis nicht gezahlt hat. Der Abstand gegen das bisher Geltende war jedoch zu groß, um dieser Ansicht zu folgen. Auch ist es wirklich im Interesse des Verkehrs nicht nöthig. Hätten jedoch die Parteien für einen solchen Fall den Rücktritt selbst bedungen, so bedarf es eines gerichtlichen Ausspruches nicht; auch kann das Gericht dann keinen Aufschub gewähren.

Art. 369.

Bei Lieferungen von Creditpapieren kommen die Bestimmungen vom Verkaufe der Forderungen zur Anwendung.

Zeitkäufe sind wahre Wetten und Hazardspiele, die nicht zur Belebung, sondern zum bloßen Ruin des Handels beitragen. Sie sind weder in Frankreich, noch in England klagbar, und sollten es um so weniger in Deutschland sein, als sie hier erst seit kurzer Zeit auf verderbliche Weise einreißen.

Zwar hindert die Nichtklagbarkeit in England und Frankreich nicht, daß sie sehr häufig sind*), so wenig das Verbot der Hazardspiele diese aufhören macht; aber gerade in Württemberg, wo es keine Börse und organisirte Stockjobberei giebt, mag die Nichtklagbarkeit noch um so bessere Wirkung thun, weil die moralischen Zwangs- und Reiz-Mittel zur Erfüllung der Prämiengeschäfte fehlen. Nach der bestehenden württembergischen Gesetzgebung wären dergleichen Lieferungsverträge, als Wetten, nicht ungültig.

Aber dazu konnte man sich nicht entschließen, eine Strafe

---

*) Rogron, code de commerce expliqué, 1836, p. 75.

darauf zu setzen, weil man sich keine Wirkung davon versprach, obgleich dies eine preußische Verordnung vom 19. Januar 1836.*) wirklich thut.

Die neueste spanische**) Börsenordnung vom 10. Septbr. 1831. geht ebenfalls von den hier entwickelten Ansichten aus.

Lieferungsverträge der hier genannten Art werden vorzugsweise „Zeitgeschäfte" (marché à terme) genannt.

Würden die Parteien bestimmen, daß der Lieferant (Verkäufer) oder der Besteller (Käufer) gegen eine bestimmte Entschädigung, Reugeld, zu jeder Zeit, oder zur Lieferungszeit wieder zurücktreten könne, Prämiengeschäfte im engeren Sinne (vergl. span. Börs. Ordn. Art. 42.) so wäre dies nicht ungültig.

Eben so sind die sogenannten Stockgeschäfte nicht ungültig, wobei ein Contrahent sich verpflichtet, dem anderen eine bestimmte Anzahl Creditpapiere um einen gewissen Preis zu liefern, oder eine gewisse Zahl derselben von ihm zu einem höheren Preise nach seiner Wahl zu beziehen, so wie ihnen nur Realität zum Grunde liegt.

Oft versteht man unter „Stock- oder Prämien-Geschäften" auch solche, wo sich der Lieferant und der Besteller verpflichten: zu liefern, resp. das Gelieferte zu beziehen, oder eine Prämie zu bezahlen, und wo, wenn die Erklärung nicht zur bestimmten Zeit erfolgt, der andere Theil seiner Verpflichtung entbunden ist, und nach Wahl fordern kann.***)

Der Verkauf von Prämienscheinen, wobei sich der Aussteller dem Käufer verpflichtet, den auf eine Lotterienummer fallenden Gewinn auszuzahlen, ist in Württemberg bereits speciell verboten und ein wahres Lotteriegeschäft. Nur wenn der Verkäufer im Besitze der Original-Obligation wäre, und sich verpflichtete, den etwa auf seine Nummer fallenden Ge-

*) Vergl. oben S. 57.

**) Mittermaier, Zeitschrift für ausländische Rechtswissenschaft und Gesetzgebung, Band VI. S. 381.

***) Vergl. Nelkenbrecher, Handbuch für Kaufleute, S. 58. (XVI. Auflage.)

winn gegen einen bestimmten Preis dem Käufer zu überlassen, so wäre dies nicht gegen das Verbot.

Art. 370.

Bei zweiseitigen Verträgen kann ein Contrahent nur dann auf Erfüllung, oder auf Aufhebung und Schadensersatz gegen den anderen klagen, wenn er selbst seiner vertragsmäßigen Obliegenheit nachgekommen, oder nicht im Verzuge ist. Da es sich nun bei Lieferungsverträgen nicht von einer genau bestimmten speciellen Sache handelt, so muß, wenn der Besteller zum Abholen verpflichtet ist, das zu Liefernde bereit gelegt, und wenn der Lieferant zum Ueberbringen verpflichtet ist, die Sache wirklich angeboten sein.

Insofern enhält der Artikel durchaus nichts Neues. Neu dagegen ist die gesetzliche Vermuthung (vergl. span. Börsen-Ordn. Art. 45.) welche in manchen Fällen Zweifel abschneiden dürfte. Die span. Börsen-Ordn. fügt noch hinzu, daß ein Lieferungsgeschäft auch dann ungültig sei, wenn der Lieferant offenbar nicht im Stande sei, zu erfüllen. Dies ist jedoch viel zu unbestimmt, da ja sogar ein ganz Mittelloser Credit haben kann.

Es ist übrigens bekannt, daß auch in Waaren und Producten verderbliche Zeitgeschäfte gemacht werden, z. B. in Raps, Waizen, Oel; und leider gehen durch solche Wetten große Summen unnütz verloren.

Art. 371.

Span. Börsen-Ordn. Art. 46. — Doch wollte man eine bestimmte Form nicht vorschreiben.

Bei Waarenlieferungen hielt man die Beschränkung nicht für nöthig; sie sind häufig zu unbedeutend, und bei bedeutenden suchen sich die Parteien selbst durch schriftliche Verträge zu sichern.

Unter Creditpapieren sind alle öffentlichen, oder sonst im Verkehr befindlichen Schuldpapiere verstanden.

Dagegen sind als Handelseffecten nur die an Ordre

gestellten, oder auf den Inhaber lautenden Schulddocumente zu bezeichnen.*)

Art. 372.

Eine Subscription auf ein literarisches oder Kunst-Werk ist ein Lieferungsvertrag, von welchem beide Theile ohne ausdrückliche oder stillschweigende Genehmigung nicht mehr sollten abgehen können. Es ist jedoch gewissermaßen Gebrauch, daß der Unternehmer Niemanden zur Annahme der fortgesetzten Lieferungen zwingen kann. Die Lieferungen nehmen oft einen so großen Zeitraum ein; es gehen Veränderungen mit der Person der Subscribenten vor; das Werk verändert sich später so im Gehalte, in der Tüchtigkeit der Mitarbeiter rc., daß Klagen zu endlosen Weiterungen führen müßten; auch ist das Object häufig gegenüber vom einzelnen Unterzeichner zu unbedeutend. Zudem ist für das Interesse des Unternehmers schon dadurch gesorgt, daß die Subscribenten, um kein unvollständiges Werk zu haben, schon selbst zur Haltung der Fortsetzung gezwungen werden, und daß er nicht später als bei Ausgabe der letzten Lieferung erfährt, oder weiß, auf welche Abnehmer er für die nächste zählen kann. — Handelt es sich jedoch nur von einer einzigen Lieferung, oder von einem geschlossenen Werke; so kann eine Aufkündigung nicht stattfinden.

Uebrigens wird immer vorausgesetzt, daß der Unternehmer seine Zusage in Rücksicht des Erscheinens und in Rücksicht der äußeren Ausstattung erfüllt. Verspätungen braucht sich der Unterzeichner nicht gefallen zu lassen; auch nicht, daß Werke, welche auf „gutem weißem Papiere" nach dem Versprechen erscheinen sollen, ein löschpapierenes Gewand anziehen.

Art. 373.

Absatz 1. Es ist ebenfalls nicht gebräuchlich, daß den Subscribenten eines Werks, welches nicht fortgesetzt oder unvollständig geliefert wurde, vom Unternehmer Schadloshaltung gewährt wird. Das Erscheinen hängt von so mancherlei Umständen ab, z. B. von dem Leben des Verfassers, von seiner

*) Pardessus. Nr. 313.

Lust und Fähigkeit zu arbeiten, von politischen Ereignissen rc., daß es oft unmöglich oder ungerecht wäre, die Grundsätze von gewöhnlichen Lieferungen eintreten zu lassen. Zwar bliebe immer noch der Fall übrig, daß der Unternehmer blos deswegen, weil er seinen Vortheil nicht dabei findet, zurückträte; aber der Beweis ist hier so schwer, daß man lieber diesen Fall nicht aufnehmen, und die Subscribenten durch den Text des Artikels warnen wollte, sich nicht in weitaussehende Dinge ohne Garantie einzulassen. Zudem hat der Unternehmer durch den bereits gemachten Aufwand, gezahltes Honorar rc. selbst die dringendsten Beweggründe zur Fortsetzung, wenn sie nur immer möglich ist.

Absatz 2. Pränumerationen sind verloren, wenn der Pränumerant zurücktritt. Stockt die Unternehmung, so ist es ebenfalls nicht gebräuchlich, gegen Zurückgabe der Lieferungen das Pränumerirte ganz herauszugeben; sonst wäre die Lage des Unternehmers gegenüber vom Subscribenten, welcher zurücktreten darf, nicht die gleiche.

Uebrigens gelten diese Grundsätze nur im Zweifel. Die Parteien können sich fester und anders binden. Doch ist für Subscribenten und Pränumeranten wohl zu berücksichtigen, daß ihre Lage gegenüber von dem Unternehmer immer mißlich bleibt,*) und daß dieser gegenüber von dem leichtgläubigen Publicum auf jede Weise für sich zu sorgen pflegt."

---

*) Vgl. Pardessus a. a. O. No. 302.

Fünfter Abschnitt.

Die Literatur.

A. Die gemeinrechtlichen Praktiker der älteren Zeit nähern sich in der Auffassung des Lieferungsgeschäftes, eben so, wie die Französische Jurisprudenz, insbesondere Pardessus, den Redaktoren des Allgemeinen Landrechts. Beispielsweise sollen nur zwei hervorgehoben werden, indem außerdem auf Ludovici*) und auf Cramer**) zu verweisen ist.

I. In Bülow's und Hagemann's praktischen Erörterungen***) wird, mit Verweisung auf das Allgemeine Landrecht Theil I. Titel 11. §. 981., Folgendes angeführt:

Im Allgemeinen verstehet man unter dem Entreprise-Contract diejenige wechselseitige Verabredung, vermöge welcher der eine Theil, gegen eine bestimmte Summe, die Bewerkstelligung einer Sache verlangt; der andere hingegen für ein gewisses bedungenes Geld, oder Aversional-Quantum, die Ausführung derselben auf eigene Gefahr und Kosten übernimmt. Jener ist der Besteller, dieser der Unternehmer, Entrepreneur. Die Objecte einer Entreprise können sehr verschiedenen und mannigfaltigen Modificationen un-

---

*) Akademie der Kaufleute, Art. „Lieferung".

**) Wezl Nebenst. CXVII. S. 1. ff.

***) Bd. 4. S. 80. ff.

terworfen sein. Nicht blos Fabrik- und Manufactur-Anstalten, sondern auch Lieferungen, Baue, Transporte und andere ähnliche Gegenstände pflegen in Entreprise gegeben und genommen zu werden. Wird dieselbe von Privatpersonen unternommen, so geschiehet es entweder von Seiten eines einzelnen Unternehmers, oder einer Societät und Compagnie. An sich läuft dies auf eins hinaus. Streitigkeiten, welche unter den Contrahenten entstehen, müssen ihre Entscheidung zunächst aus dem errichteten Contracte selbst erhalten, sonst aber nach der Natur des Geschäfts und den allgemeinen Grundsätzen von Verträgen, sonderlich des Kauf- und Miethcontractes und was dabei Rechtens ist, beurtheilt werden.

Die besonderen wechselseitigen Rechte und Verbindlichkeiten, welche für die Contrahirenden aus diesem Contracte entspringen, lassen sich auf folgende allgemeine Grundsätze zurückführen:

Beide Contrahenten suchen bei diesem Contracte sich einen Vortheil zu verschaffen; beide haben aber auch Beschwerde. Sie müssen sich daher wechselseitig culpam levem leisten, wenn der Unternehmer, vermöge seiner Kunst oder eines besonderen Vertrages, nicht etwa zur Prästation der culpa levissima verbunden ist.

Der Besteller, oder der, für welchen die Entreprise übernommen wird, hat diejenigen Gelder, wodurch der beabsichtigte Zweck erreicht werden soll, entweder auf einmal, oder in den festgesetzten Terminen, vor, während oder nach herbeigeführtem Zwecke, contractmäßig an den Unternehmer auszuzahlen. Er ist dagegen befugt, darauf zu achten, daß der Zweck der Entreprise zur bestimmten Zeit erreicht und gehörig erfüllt wird. Aller Nachtheil und Schaden, der bei dessen Herbeiführung etwa eintreten könnte, wird von dem Besteller entfernt, da der Zweck derselben ihm zum Vortheil gereichen soll, und die, zur Erreichung des entreprenirten Zwecks, anzuwendenden Mittel im Eigenthum des Entrepreneurs stehen. Will indeß der Besteller, weil ihm der in Entreprise gegebene Gegenstand durch veränderte Umstände, welche durch dessen freie Handlungen herbeigeführt sind, unnütz oder unbrauchbar geworden ist, den Contract widerrufen, so muß er den Unternehmer sowohl wegen der bereits gemachten Anstalten, oder verwendeten Bemühungen und Kosten, als auch wegen des erweislich entgangenen Vortheils vollständig entschädigen.*)

Der Entrepreneur kann verlangen, daß ihm die bedungene Geldsumme, wodurch der Besteller das Risico oder Beschwerliche des beabsichtigten Zwecks von sich ablehnen will, zur bestimmten Zeit und auf die verabredete Weise unverkürzt ausgezahlt wird. Dagegen ist er verpflichtet, den Zweck, dessen Erfüllung er übernommen hat, auf seine alleinige Gefahr und Kosten, oder auf Gewinn und Verlust, dem Contracte gemäß herbeizuführen. Es steht ihm aber völlig frei, diejenigen Mittel, wodurch der Zweck der Entreprise erreicht werden soll, da solche, bei fehlender besonderer Verabredung, sein Eigenthum sind, nach seiner Einsicht zu wählen. Er kann daher bei der Wahl derselben und deren Anwendung alle diejenigen Ersparungen, in so fern sie nur dem Zwecke der Entreprise nicht schädlich oder nicht hinderlich sind, eintreten lassen, wodurch er sich Vortheil zu verschaffen, Schaden zu verhüten, oder das übernommene Risico zu verringern im Stande ist. Seiner übernommenen Verpflichtung darf er sich nicht entziehen, wenn auch durch nachher eingetretene Umstände die Erreichung des entreprenirten Zwecks erschwert werden sollte**), und er ist überhaupt verbunden, den Besteller zu entschädigen, wenn der Zweck der Entreprise durch die Wahl schlechter

*) Vgl. die §§. 984. 985. Tit. 11. Th. I. Allg. Landr.
**) Vgl. §. 982. a. a. O.

Mittel, oder sonst durch seine Schuld, auf die verabredet Weise nicht erreicht wird.

Entstehet die Unmöglichkeit, den geschlossenen Entreprisen-Contract zu erfüllen, nicht durch die Schuld des einen oder des andern Contrahenten, sondern durch einen bloßen Zufall, oder durch eine, dem Zufalle gleich zu achtende, unabwendbare Gewalt und Uebermacht, so muß derselbe, wie jeder andere Vertrag, als aufgehoben betrachtet werden*). Aber alsdann hat jeder Theil dasjenige, was ihm von dem andern, in der Erwartung der gegenseitigen Erfüllung, bereits gegeben oder geleistet ist, zurück zu geben**) oder zu vergüten, weil nach der Natur des Entreprisen-Contracts, als eines zweiseitigen Vertrages, das Versprechen von jeder Seite nur bedingt geschieht

Nach dem Systeme des Römischen Rechts würde man übrigens diese Conventionsart für einen contractum sine appellatione, für einen contractum incertum halten, und, da sie allerdings causam hat, in die Klasse der unbenannten Contracte setzen müssen.***) Denn, wenn gleich dieselbe, wie der Commissions- und Speditions-Vertrag bei uns, und bei den Römern die permutatio und der contractus aestimatorius, einen eigenen Namen hat; so läßt doch der Entreprisencontract keine gewisse und individuelle Klageformel darum zu, weil er sehr vieler willkührlicher Modificationen fähig ist. Es kann also daraus keine specielle Klage, sondern nur actio in factum oder ex prae scriptis verbis entspringen. Allein dadurch unterscheidet sich der Entreprisencontract von den unbenannten

---

*) Vgl. §. 983. Tit. 11. Th. I. Allg. Landr.

**) l. 5. pr. et ult. Dig. de condict. causa data, l. 15. §. 6. Dig. locati conducti und Glück, Commentar zu den Pandekten, §§. 325. u. 326.

***) l. 9. pr Dig. de reb. cred., l. 7. §. 2. Dig. de pact., l. 2. Dig. praescr verb.

Contracten der Römer, daß man bei den letztern ex capite poenitentiae zurückgehen, und mit condictione causa data das Gegebene zurückfordern konnte, wenn das Gegen-Versprechen des Andern noch nicht erfüllt war; bei dem Entreprisencontracte hingegen kann, nach den Grundsätzen des Deutschen Rechts, wo aus jedem erlaubten Vertrage sogleich eine Verbindlichkeit erwächst, kein Theil in der Regel einseitig von demselben abgehen, vielmehr muß Einer den Andern auf die Erfüllung seines Versprechens belangen*).

Dieses kann jedoch nur dann erst mit völliger Wirkung geschehen, wenn der Kläger seinerseits den Entreprisencontract erfüllt, oder sich zu dessen Erfüllung ausdrücklich bereit erklärt hat, weil ihm sonst der Beklagte die exceptio non adimpleti contractus, oder implementi non secuti entgegenzusetzen befugt ist**). —

II. Curtius, der in seinem Handbuche***) von der Verdingung (locatio operis) handelt, hebt dabei hervor:

Um zu wissen, wo eine locatio conductio in diesem Sinne vorhanden ist, muß man sich mit dem Gegenstand dieses Contracts näher bekannt machen. Dieser kann aber sein:

1. die Hervorbringung einer Sache (opus im eigentlichen Sinne) z. B. die Aufführung eines Gebäudes, Anlegung einer Straße, die Verfertigung von Kleidungsstücken, Waffen und anderem Geräthe †).
2. Die Wiederherstellung und Vorrichtung einer Sache,

---

*) Puffendorff, tom. I. obs. 40. und Höpfner, Kommentar über die Institutionen, §. 801., wo auch die Ausnahmen vorkommen.

**) Puffendorff, tom. II. obs. 136., Bülow und Hagemann, prakt. Erört., Bd. I. Nr. 23.

***) Theil IV. §§. 1473. ff. S. 153. ff.

†) Beispiele s. l. 12. §. 6. Dig. de usu et habitat. Doch muß der Besteller den Grund und Boden, bei beweglichen Sachen das Material dazu haben, weil es sonst ein Kauf sein würde. l. 20. Dig. de contrah. empt., l. 2. §. 1. Dig. locati conducti, §. 4. Inst. eod.

z. B. die Ausbesserung und Reinigung von Kleidungsstücken*).

3. Die Unterhaltung einer Sache, z. B. wenn sich jemand anheischig macht, für eine gewisse Summe ein Pferd in Futterung zu nehmen, die Einquartirung zu verpflegen, ein Lazareth zu erhalten, u. s. w. **)

4. Lieferungen, es sei im Krieg oder Frieden, welche entweder nach der Quantität, die geliefert werden soll, oder nach ihrem Zwecke, veraccordirt werden, z. B. wenn einer die Verproviantirung einer Festung im Ganzen übernimmt. Im ersten Fall unterscheidet sich die Lieferung von dem Kaufe darin, daß das Geld bestimmt ist, ehe noch die Sache da ist, und daß nicht blos die Sache, sondern auch die Mühe der Herbeischaffung und Befriedigung des Bedürfnisses, bezahlt wird.***)

Die Lieferungen unterscheiden sich von den übrigen Beispielen dieses Contracts dadurch, daß der Lieferant keine seinem Mitcontrahenten gehörigen Sachen anvertraut bekommt, mithin vor der Ablieferung jeden Unfall trägt. — Wenn jedoch die Umstände sich so ändern, daß die Lieferung nicht mehr gebraucht wird, so kann das den andern Theil, der dieselbe nicht bei Zeiten abbestellt hat, von seiner Verbindlichkeit nicht befreien. —

B. Mehr aus dem merkantilischen Gesichtspunkte wird die Sache aufgefaßt von Büsch, der schon im Jahre 1799†) von dem „Handel auf Lieferung" redet und sich darüber folgendermaaßen erklärt:

---

*) §. 15. Inst. de oblig., quae ex delict., l. 13. §. 6. Dig. locati conducti.

**) l. §. 5., l. 58. §. 2. Dig. eod.

***) Ein ausgezeichnetes Beispiel giebt Livius, hist. Rom., lib. XXIII. cap. 48. 49.

†) Theoretisch-praktische Darstellung der Handlung, Th. 1. Buch 3. Kap. 6. §. 5. ff. S. 315 ff.

„Contracte, durch welche ein Theil dem andern einen noch nicht bei ihm vorhandenen Vorrath gewisser Bedürfnisse zu einer bestimmten Zeit zu liefern sich verpflichtet, sind, außer der eigentlichen Handlung, insonderheit zum Behuf des Militairwesens und öffentlicher Bauunternehmungen sehr gewöhnlich. Es bieten sich zu denselben solche Personen an, die nach ihrer Lage die Wege, in welchen der verlangte Vorrath theilweise sich ankaufen und herbeiführen läßt, besser kennen und zu benutzen wissen, als die Obern im Staat oder selbst die Privatleute, die desselben bedürfen. Rechnet man auf eine Concurrenz solcher Personen, so ruft man sie zu einem Verdinge beisammen, der mit dem Mindestfordernden geschlossen wird. Doch räth oft die Sicherheit der Erfüllung solcher Contracte, eine solche Concurrenz nicht zu erregen oder zu benutzen, sondern mit einzelnen bereits als zuverlässig bekannten Personen zu schließen, von Zeit zu Zeit sie zu erneuern, und den Preis und andre Bedingungen den Umständen nach zu ändern. Friedrich der Große verblieb beständig bei eben denselben Lieferanten, da dann für diese der, dem König sehr wohl bekannte Gewinn von ihren Lieferungs-Contracten wohl so sicher, als die Einkünfte eines Ritterguts, war. Aber die Zuverlässigkeit in diesen Contracten, eben durch das sich mehrende Geldvermögen der Lieferanten, und die Hinaussicht, daß er vielleicht selbst in die Lage kommen möchte, daß er die Bezahlung nicht zu rechter Zeit leisten könnte, und sie ihm alsdann auch noch zuverlässig bleiben müßten, veranlaßten den König, seiner sonst gewohnten Sparsamkeit in diesem Fall zu entsagen.

In China wird natürlich der Handel von Canton aus in diesem Wege geführt. Weil die Europäer nicht ins Land reisen dürfen, so schließen insonderheit die dort residirenden Oberkaufleute der Compagnieen mit den Chinesen Contracte auf Lieferung derer Waaren, welche die Fracht der erwarteten Schiffe ausmachen sollen. ꝛc. In Europa liegen andere Umstände zum Grunde, wenn der Kaufmann einen Handel auf Lieferung schließt. Eine ihm entstandene Speculation, oder eine eingelaufene große Commission, macht ihm das Bedürfniß eines größern Vorraths von einer gewissen Waare entstehen, als welcher zu der Zeit sich in den Händen seiner Mitbürger oder in einer solchen Nähe befindet, aus welcher er selbst ihn herbeizuschaffen im Stande ist. Ihm ist also das Erbieten eines jeden willkommen, welcher ihm die Waare in bestimmter Zeit herbeizuschaffen verspricht, es sei nun, daß dieselbe schon sich unterwegs befindet, oder er sich im Stande glaubt, sie schneller als andre, und mit größern Vortheilen im Preise und Unkosten, anzuschaffen. Er nimmt in diesem Wege Theil an dem Vortheil von einer Speculation und einer plötzlich steigenden Nachfrage, der ihm entgehen würde, wenn er eben diese Waare nicht eher verkaufte, als bis er sie zur Stelle hat. So war in den Tagen der hochgetriebenen Speculation auf Caffee, welche die ersten Nachrichten im Jahr 1791. von dem Aufstand der Schwarzen in St. Domingo veranlaßten, der auf allen Schiffen um eben die Zeit aus Frankreich in Hamburg anlangende Caffee bereits vor seiner Ankunft mit einem Gewinn verkauft, welchen dessen Eigner sonst verfehlt haben würden. Aber der auf Lieferung kaufende schließt nicht, wie Friedrich, seinen Contract in der Absicht, den andern Theil reich zu machen, sondern um selbst dabei so viel zu gewinnen, als möglich.

Ein solcher Handel auf Lieferung ist daher zulässig und den Umständen nach beiden Theilen zuträglich. Aber er ist auch viel bedenklicher, als ein jeder Handel, der nach einer Probe der schon vorhandenen Waare geschlossen wird, und dessen unmittelbare Folge die Ablieferung der Waare ist. ꝛc.

In der erwähnten Caffee-Speculation ging es so schnell mit dem Kaufen und Verkaufen des Caffee zu, daß auf die Proben wenig geachtet ward, die auch von dem noch über See erwarteten nicht einmal gegeben werden konnten. Auch ward manche Partie mehrmahls verkauft, ohne von deren Käufern empfangen zu werden. Es war genug, den Speicher anzuweisen, wo die verkaufte Waare lag, und so nahm der ganze Handel die Gestalt eines Handels auf Lieferung an. Als aber am Ende Novembers die Nachrichten sich änderten, und die letzten Käufer endlich ihre am theuersten gekaufte Waare empfangen mußten, entstand des Streitens über deren Qualität so viel, daß in den ersten acht Tagen bereits über zwanzig Klagen der Art bei den hiesigen Gerichten anhängig gemacht waren. — Ein anderer ruhig fortgehender und nicht auf plötzlich entstandene Speculationen sich gründender Handel auf Lieferung hat in vielen Manufacturgegenden Statt. Die Kaufleute in den Niederlagsstädten tragen Einwohnern des platten Landes den Ankauf der Manufacturwaaren, doch insonderheit solcher, an welche noch nicht die vollendende Arbeit gewandt ist, z. B. der Garne, der ungebleichten Leinen, der noch nicht gefärbten Wollenzeuge u. dgl., auf, um sie in Quantität versenden zu können, nachdem sie selbst die vollendende Arbeit daran gewandt haben. Nur die Preise und die Quantität der zu liefernden Waare wird vorher beredet, die Qualität aber nach der Lieferung sorgfältig untersucht.

Aus diesem Handel auf Lieferung entsteht der sogenannte Prämien-Handel. Dieser unterscheidet sich von dem simpeln Handel auf Lieferung durch folgende Umstände:

1) daß der Käufer einen bestimmten Ueberschuß über den gegenwärtigen Preis der Waare dem Verkäufer voraus bezahlt;

2) daß der Käufer sich die Freiheit vorbehält, die Waare nicht zu nehmen, wenn sie zur Zeit der beredeten Lieferung ihm keinen Vortheil verspricht, der Verkäufer aber gebunden ist, sie zur beredeten Zeit zu schaffen, sie mag alsdann so hoch gestiegen sein, als sie wolle. Z. E. A. kauft von B. im Januar d. J. Leinen einer gewissen Art, wovon das Schock jetzt 12 Rthlr. gilt. Er verspricht ihm aber 12½ Rthlr. und zahlt ihm den halben Rthlr.

jetzt als Prämie voraus, da er die Waare im Mai liefern soll. Gesetzt nun, im Mai ist eben das Leinen für $11\frac{1}{2}$ Rthlr. zu haben, so verbleibt dem B. der halbe Rthlr., den er als Prämie bekommen hat; aber A. wird und darf die Waare nicht nehmen. Gesetzt aber, diese Leinen wären im Mai bis auf 14 Rthlr. gestiegen, so wird den B. zwar der Handel sehr verdrießen, aber er muß die Waare zu dem beredeten Preise liefern. Indessen geht ein solcher Handel unter soliden Kaufleuten selten vor. Denn, wenn es Ernst mit einem solchen Handel ist, so versteht es sich, daß man unter einer solchen Bedingung nicht anders, als theuer kaufen kann.

Man kann diesen Handel auch so schließen, daß beide Theile frei sind, wenn zur Zeit der Lieferung der eine oder der andere seine Rechnung nicht dabei gefunden hat; dann aber wird keine Prämie voraus gegeben, sondern ein Theil bezahlt alsdann dem andern das, was durch die veränderten Preise Gewinn für den einen und Verlust für den andern im wirklichen Handel geworden sein würde. Z. E. Einer kauft am 2. Januar Reis, den 2. April zu liefern, die 100 Pfd. zu 14 Mk. Gilt an diesem Tage der Reis 16 Mk., so giebt der Verkäufer dem Käufer nicht den Reis, sondern die 2 Mk. auf 100 Pfd., um welche er jetzt theurer ist. Gälte er aber 12 Mk., so würde der Käufer dem Verkäufer die 2 Mk. geben, welche der Reis wohlfeiler geworden ist. Man würde dies einen Reukauf nennen können, dergleichen oft bei ernsthaft gemeinten Geschäften vorkömmt, und worin nichts Unrechtes ist. Allein, wenn vollends ein solcher Handel mit dem Vorsatz geschlossen wird, daß keiner von beiden Theilen ihn halten, sondern nur einer von beiden auf Unkosten des andern gewinnen will, so ist dies keine Handlung eines vernünftigen, sondern bloß eines spielsüchtigen Mannes. In der That hört man auch unter Kaufleuten selbst von dergleichen Vorfällen selten (?) und in vielen handelnden Staaten verbieten ihn deren Gesetze." —

C. Auch im **gemeinen deutschen Handelsrechte** ist die kaufmännische Seite des Lieferungsgeschäftes in der neuern und neuesten Zeit vorzugsweise maaßgebend geblieben.

1. In dem **Hamburger Archive für das Handels-Recht***) wird gesagt:

In Beziehung auf die Qualität der Waaren giebt es vier verschiedene Beschränkungen des Kaufcontracts. Man kauft entweder nach Probe, auf Lieferung, Nachstechen, oder auf Besicht. Die allgemeine und nächste Ursache dieser Verschiedenheiten liegt freilich in den besondern Eigenschaften der Handelsartikel, doch giebt es auch andere Gründe derselben, wie z. B., wenn in Rußland die meisten Landesprodukte auf Lieferung gekauft werden.

Ohne scharfe Definitionen aufstellen zu wollen, sei es hier kürzlich der auswärtigen Leser wegen angedeutet, in welchen wesentlichen Merkmalen jene Beschränkungen von einander abweichen. Ein Kauf geschieht nämlich nach Probe, wenn der Käufer bei Abschluß des Handels eine Probe von der behandelten Waare erhält, mit welcher denn, wenn der Contract von Würden sein soll, die ganze Partie übereinstimmen muß. Auf Lieferung wird verkauft, so daß der Käufer sich gefallen läßt, die Waare erst zu erhalten, wenn sie an Ort und Stelle angelangt, oder wenn sie fertig geworden ist. Das Letztere pflegt bei Zuckern vorzukommen; das Erstere ist hier am häufigsten mit südlichen Früchten (Rosinen, Feigen, Citronen, Pflaumen u. s. w.), welche auf Lieferung oft schon den Frühling vorher verkauft werden und bei welchen Speculanten das Risico der unbestimmten Jahreszeit zu laufen übernehmen. Bei Zucker und Kaffee ist die Bestimmung: auf Nachstechen sehr gewöhnlich, wo denn der Käufer allemal an den Handel gebunden ist, sobald beim Nachstechen

*) Vom Jahre 1818., S. 332—333.

die Waare gut und empfangbar ausfällt. In der Regel pflegt man hier in der Schlußnote zugleich die Zeit festzusetzen, binnen welcher nachgestochen werden muß. Bei Baumwolle heißt diese Bestimmung: auf Nachziehen, und hier pflegen insgemein vier Tage angenommen zu werden. Bei dem Kauf auf Besicht endlich läßt es sich der Verkäufer gefallen, daß der Käufer erst die Waare sehe, und sich dann erkläre, ob er sie empfangen wolle, oder nicht. —

b. Bender*) bemerkt:

Der Handel auf Lieferung hat das Eigene, daß dem Käufer die Waare erst dann überliefert wird, wenn entweder sie erst fertig gearbeitet, oder an einem verabredeten Orte glücklich angelangt ist.

Im Zweifel geht Gefahr und Eigenthum auf den Käufer erst mit der geschehenen Auslieferung über. Daß dieser Auslieferung an ihn selbst die an seinen Bevollmächtigten, Commissionär oder Spedirer vollkommen gleich komme, versteht sich von selbst.

Ist eine Zeit der Lieferung ausgehalten, so ist diese streng zu beachten; im Nichtbeachtungsfalle entscheiden die Grundsätze des gemeinen Rechtes.

Der einmal ausbedungene Preis, so wie die Güte und das Maaß der Waare, wie der Käufer sie aussuchte oder bestellte, müssen ganz sich gleich bleiben, ohne Rücksicht auf Preisveränderungen u. dergl. m.

Woher der Lieferer seine Waaren beziehe, ist gleich viel; sollte er sie aber nur aus einem bestimmten Lande erhalten können, und daselbst, nach geschlossenem Handel, oder zwar vor dessen Abschluß, jedoch in einer Zeit, wo der Lieferer noch nicht benachrichtigt sein konnte, gerade die Ausfuhr dieser Waare verboten werden, so befreit ihn dieser Vorfall von aller Verpflichtung zur Lieferung;

*) Grundsätze des Handelsrechts, 1824., Bd. I. S. 196 — 197.

rechtlich muß man das Geschäft als gar nicht abgeschlossen betrachten, er braucht also den Besteller keineswegs schadlos zu halten.

Es ist sehr rathsam, Händel dieser Art ganz genau zu Papiere zu bringen, und in dem Contracte insbesondere von der zu liefernden Quantität und Qualität, von Preis, Zeit und Ort der Lieferung bestimmt zu sprechen. Solche Händel kommen häufig als Kriegslieferungen vor; überhaupt, so oft Einer oder Einige in Gesellschaft es übernehmen, gewisse Bedürfnisse ganz allein im erforderlichen Maaße zu liefern. Bei ganz großen Lieferungen dieser Art pflegt ein Theil des Accordpreises gleich vorgeschossen zu werden, auf Rechnung, oder auch etwas Bestimmtes als Handgeld. Auch Manufacturen treiben bisweilen diesen Handel mit ihrer Umgegend, indem sie armen Leuten noch nicht ganz verarbeitete Waaren zur Vollendung geben, welche diese dann verkaufen.

c. Meno Pöhls*) entwickelt seine Ansicht dahin:

Der Kauf auf Lieferung besteht darin, daß Jemand einem Andern Waare, die er selbst noch nicht besitzt, so verkauft, daß er sie diesem erst nach Ablauf einer gewissen Zeit zu liefern braucht.

Unter die Rubrik kommen alle großen Contracte, die mit Regierungen, Armeeen u. s. w. über die Lieferung gewisser Bedürfnisse geschlossen werden. Die Regel ist, daß die Zeit der Lieferung bestimmt wird; wo dies aber nicht der Fall ist, da ist die Ankunft der Waare, oder die Beendigung ihrer Verarbeitung als natürlicher Zeitpunkt anzunehmen. Der Handel auf Lieferung kann mit andern Arten des Handels concurriren. Es kann z. B. nach Probe, auf Besicht verkauft sein. Dann ist die Frage, ob der Käufer die Waare behalten müsse, oder nicht, nach den von diesen geltenden Grundsätzen zu beurtheilen.

*) Darstellung des Handelsrechts, 1828., Bd. I. S. 171—173.

Der Verkäufer muß die Waaren zur stipulirten Zeit liefern. Daß eine höhere Gewalt ihn befreie, läßt sich nicht behaupten. Der Handel ist meistens Speculation, und es ist seine Sache, wie er sich die Waare verschafft; denn es wird ihm die Art und Weise, wie er sie sich verschafft, nicht vorgeschrieben. Kann er nicht liefern, so muß er den erweislichen Schaden ersetzen. Um das Gegentheil anzunehmen, müßte man hier den Kauf einer species behaupten können.

Ist bei einem Handel auf Lieferung der Käufer verpflichtet, eine kleinere Partie anzunehmen, als über die er contrahirte? Betrachtet man den Zweck dieses Handels, der entweder Speculation auf das Steigen und Fallen einer Waare, oder wirkliches Bedürfniß ist, so scheint es, als müßte diese Frage durchaus verneint werden. Auch stimmen damit allgemeine Rechtsgrundsätze überein, wenn man annimmt, daß eine Waare ein untheilbares Ganze ausmacht. Betrachtet man dagegen, daß die Nichtlieferung eine Verbindlichkeit zum Schadensersatz nach sich zieht, so drängt sich eine andere Ansicht auf. Es ist hier daher wohl darauf zu achten, ob dem Käufer die theilweise Lieferung nützen kann, oder nicht. Ich würde deshalb so distinguiren: Ist eine Partie Waare als Ganzes gekauft, und kann der Käufer nur die ganze Partie gebrauchen, so ist ihm nicht zuzumuthen, eine theilweise Lieferung anzunehmen. Ist indessen eine Partie (z. B. auf Speculation) ohne besonderen Zweck gekauft, und ist zu dessen Erreichung nicht gerade die ganze Partie erforderlich, mit andern Worten: ist ein Theil der zu liefernden Waare nicht gerade dem Käufer unbrauchbar, so muß er eine theilweise Lieferung annehmen. Welcher von beiden Fällen stattfinde, müßte, da ein anderer Ausweg nicht denkbar ist, durch den Eid des Käufers ermittelt werden. Von selbst versteht es sich dabei, daß die Schadensansprüche wegen des nicht gelieferten Theils ungeschmälert bleiben. —

d. Genauer wird der Gegenstand gewürdigt von Thöl,*) welcher sich, mit Allegirung der §§. 981—987. Titel 11. Theil I. des Allgemeinen Land-Rechts, also ausspricht:

Das Kaufgeschäft wird oft ein Lieferungskauf genannt, so daß es dann im Gegensatz eines unter anderen Verhältnissen stehenden Kaufs gedacht wird. Für diesen ist der Ausdruck Tagskauf gebräuchlich. I. Der Unterschied wird nirgends, weder im Verkehr, noch in der Doctrin, gleichmäßig und durchgreifend gedacht. Die Doctrin, will sie der schwankenden Bedeutung im Verkehr sich anschließen und diese auf einen allgemeinen Gedanken fixiren, darf den Unterschied weder 1) darauf stellen, ob die Zeit der Lieferung bedungen worden ist, oder nicht,**) noch 2) darauf, ob der Verkauf in genere oder auf eine species geschlossen ward, noch 3) darauf, ob der Verkäufer die Waare vorräthig hat, oder nicht, obgleich dieses Criterium dadurch unterstützt wird, daß man einen Kauf „auf Lieferung" nennt a. wenn die Waare erst fertig gearbeitet werden soll, b. wenn die Waare noch nicht am Platz, obgleich für Rechnung des Verkäufers unterwegs ist, c. wenn der Verkäufer die Waare erst hinterher anschaffen will, entweder indem er auf Sinken des Preises speculirt, oder ohne das, da er durch die Verschiedenheit der Preise speculirt, weil ihm der Vorrath ausgegangen

*) Das Handelsrecht, 1844. Bd. I. S. 218.

**) Man wird einen Kauf, bei welchem die Contrahenten die zum sogenannten „Empfang" der vorräthigen Waare ihnen bequemste Zeit besprechen und festsetzen, nicht einen Lieferungskauf nennen wollen, sollte der Empfang auch auf Wochen hinausgerückt sein. Und umgekehrt: man wird, wenn die Waare erst gefertigt werden soll, den Kauf einen Lieferungskauf nennen, wenn auch die Zeit der Lieferung unbestimmt gelassen, vorläufig der Discretion des Verkäufers anheim gegeben ist.

ist. Sondern man muß, scheint es, 4) den Unterschied so stellen: je nachdem in Folge der Kaufbedingungen die Lieferung (die Tradition) der Waare sofort nach dem Abschluß (der Perfection) des Kaufes, oder erst einige Zeit nach demselben geschehen soll, ist der Kauf ein **Tagskauf, Tagsgeschäft**, oder ein **Lieferungskauf, Lieferungsgeschäft**. Das „sofort" stellt sich am strengsten heraus, wenn die verkaufte Waare in praesentia ist, so daß der Käufer den Besitz schon oculis et affectu erwirbt, *) es braucht aber nicht so eng genommen zu werden, so wie das „nach einiger Zeit" nicht zu weit zu nehmen ist; denn es vergehen bedungener Maaßen bei einem Tagskauf zwischen dem Abschluß und der Lieferung nicht blos Stunden, sondern selbst Tage und längere Zeit, und auf der andern Seite widerstrebt es dem Lieferungskauf nicht, daß die Zwischenzeit auf eine Stunde und weniger Zeit beschränkt ist. Der Unterschied liegt nämlich in einer den Umständen nach verschiedenen Zeit, und die genauere Fixirung derselben im einzelnen Fall ist eben nach dem Grunde zu machen, weshalb man auf den Unterschied, auf welchen oft wenig oder gar nichts ankommt, **) Gewicht legt. ***) — II. Die Zeit der Liefe-

*) Dann fällt die Perfection und Tradition in einen Moment zusammen, wenn gleich juristisch die letztere als der erstern nachfolgend zu denken ist.

**) Ob eine emtio venditio sub die sei, oder nicht, ist oft eine ganz irrelevante Frage.

***) Macht man die Unterscheidung deshalb, um zu bezeichnen, wie nur unter bestimmten Voraussetzungen auf das Sinken des Preises speculirt werden kann, nämlich wohl durch einen Lieferungsverkauf, nicht aber durch einen Tagsverkauf, dann ist das Criterium darin zu setzen: ob mittlerweile die Speculation realisirt werden kann. Vgl. Thöl, Verkehr mit Staatspapieren, S. 14—16. Auf einen Lieferungsverkauf in diesem Sinne ist die Frage zu beziehen: ob in dem Lieferungsgeschäft ein reines Differenz-Geschäft liege?

rung kann bedungen sein; wo dieses nicht ist, ist die Meinung der Contrahenten aus den Umständen zu entnehmen. *) — III. Der Kauf ist perfekt, nur die Lieferung, also die Erfüllung, hinausgeschoben. Spätere Umstände, wenn sie nicht als Resolutivbedingung gelten sollen, ändern an dem Vorhandensein (der Rechtsbeständigkeit) des Kaufes und an dessen Bedingungen, z. B. dem Preise, nichts. Diese Umstände treffen als Vortheil und Nachtheil den Käufer. — IV. Dem Lieferungsgeschäft kann ein reines Differenzgeschäft unterliegen, so daß die Meinung der Contrahenten eine andere ist, als die Form besagt. Ist dieses der Fall, so ist das Geschäft, da bei jeder Simulation die Meinung entscheidet, als Differenzgeschäft zu behandeln. Daß es der Fall sei, muß aber, wie jede Simulation, von dem, der dies behauptet, dargethan werden; denn es ist kein Grund vorhanden, ohne weitere Untersuchung der Umstände die Simulation als vorhanden anzunehmen, oder auch nur zu behaupten, daß sie in der Regel vorliege. **) —

e. Brackenhoeft endlich sagt in seiner Abhandlung vom Jahre 1844: ***)

Der Unterschied zwischen Tageskauf und Lieferungskauf scheint darin gesetzt werden zu müssen, daß bei letzterem die Uebergabe der Waare zu einer Zeit verabredet wird, wo sie möglicher Weise einen anderen Marktpreis oder Kurs hat, als zur Zeit des Geschäfts-Abschlusses, oder doch in Ansehung sonstiger auf die Lieferung einwirkender Umstände eine Veränderung eingetreten sein kann; beim ersteren aber keine so qualificirte Verschiedenheit jener Zeitpunkte obwaltet.

Beim Handel mit Staatspapieren giebt es

---

*) Z. B. wie viel Zeit ist zur Verfertigung nöthig. l. 58. §. 1. Dig. locat conducti.

**) Vgl. Thöl, Verkehr mit Staatspapieren, S. 230—234.

***) Weiske, Rechtslexikon, Bd. 5. S. 54—55. unter dem Worte: „Handel."

selbst eine Form des Kaufes ohne Tradition und Preiszahlung, indem der Käufer den Verlust, der Verkäufer den Gewinn, welchen der Käufer zu der, hier immer von der Zeit des Abschlusses verschiedenen, Lieferungszeit bei wirklicher Uebergabe und sofortigem Weiterverkaufe des Papieres erlitten oder gemacht haben würde, resp. dem Verkäufer oder Käufer herauszahlt. Dies Geschäft ist nothwendig immer eine Art des Lieferungsgeschäfts (marché à terme), weil es sich ohne Ungewißheit zur Zeit des Abschlusses über den Kurs zur Zeit der Erfüllung nicht denken läßt. Es ist das reine Differenzgeschäft und die Bedeutung desselben besteht darin, daß die Contrahenten den Eintritt der Vortheile und Nachtheile eines Kaufes unter sich festsetzen, ohne wirklich einen Kauf zu schließen.

Es ist weder simulirter Kauf,*) noch Spiel. Insofern aber jeder Vertrag, der solche Wirkungen blos vermöge der Uebereinkunft der Contrahenten und nicht schon seiner besonderen rechtlichen Natur nach von einem ungewissen Umstande abhängig macht, unter den Begriff einer sponsio oder Wette fällt, ist es eine solche. Es ist klagbar, wenn man jedem erlaubten Vertrage diese Eigenschaft beilegt.**)

---

*) Freilich pflegt es in der Form eines wirklichen Kaufes abgeschlossen zu werden; und dann ist dieser simulirt.

**) Vergl. Mittermaier, deutsches Privatrecht, §. 274. Thöl, Handelsrecht, §. 102. und Verkehr mit Staatspapieren, S. 65. 66. 230. ff.

Gedruckt bei Julius Sittenfeld in Berlin.

FSC
www.fsc.org
MIX
Papier | Fördert gute Waldnutzung
FSC® C083411

Kolibri 360 GmbH
Ferdinand-Jühlke-Straße 7
99095 Erfurt, Deutschland
produktsicherheit@kolibri360.de